I Remember Nightfall
© 2017 Adriana Hidalgo and the Estate of Marosa di Giorgio
English translation and afterword © 2017 Jeannine Marie Pitas

The History of Violets originally published as *Historial de las violetas* (Aquí Poesía, Montevideo, 1965)
Magnolia originally published as *Magnolia* (Lírica Hispana, Caracas, 1965)
The War of the Orchards and *The Native Garden is in Flames* originally published in *Los papeles salvajes* (Arca, Montevideo, 1971)
This collection is based on *Los papeles salvajes* (Adriana Hidalgo, 2008)

Lost Literature Series #16

ISBN 978-1-937027-59-9
First Edition, First Printing, 2017

Ugly Duckling Presse
The Old American Can Factory
232 Third Street #E-303
Brooklyn, New York 11215
www.uglyducklingpresse.org

Distributed in the USA by SPD/Small Press Distribution
Distributed in Canada by Raincoast Books via Coach House Books
Distributed in the UK by Inpress Books

Cover and section pages art from *25 Hours for Marosa* by Basil King
Cover design by Rebekah Smith and Don't Look Now!
Typesetting by Rebekah Smith, Kyra Simone, and Silvina López Medin
Typeset in Bembo and Nobel

Printed & bound by McNaughton & Gunn, Saline, Michigan
Covers printed at Prestige Printing in Brooklyn, New York

This publication is made possible in part by a grant from the National Endowment for the Arts.

I Remember Nightfall
Marosa di Giorgio

*translated from the Spanish
by Jeannine Marie Pitas*

Table of Contents

The History of Violets *6*

Magnolia *78*

The War of the Orchards *176*

The Native Garden is in Flames *244*

Afterword *313*

Acknowledgments *317*

The History of Violets
For Pedro di Giorgio and Clemen Médicis, my parents,
and for my sister and brother-in-law, Nidia and Ramiro Lacoste

Historial de las violetas
A Pedro di Giorgio y Clemen Médicis, mis padres,
a mis hermanos Nidia y Ramiro Lacoste

[1965]

1

Me acuerdo del atardecer y de tu alcoba abierta ya, por donde ya penetraban los vecinos y los ángeles. Y las nubes —de las tardes de noviembre— que giraban por el suelo, que rodaban. Los arbolitos cargados de jazmines, de palomas y gotas de agua. Aquel repiqueteo, aquel gorjeo, en el atardecer.

Y la mañana siguiente, con angelillas muertas por todos lados, parecidas a pájaros de papel, a bellísimas cáscaras de huevo.

Tu deslumbrador fallecimiento.

1

I remember nightfall and your room's open door, the door through which neighbors and angels came in. And the clouds—November evening clouds, drifting in circles over the land. The little trees burdened with jasmine, with doves and droplets of water. That joyous pealing, that endless chirping—every evening the same.

And then the next morning, with its tiny dead angels strewn everywhere like paper birds, or the most exquisite of eggshells.

Your dazzling death.

2

Cuando miro hacia el pasado, sólo veo cosas desconcertantes: azúcar, diamelas, vino blanco, vino negro, la escuela misteriosa a la que concurrí durante cuatro años, asesinatos, casamientos en los azahares, relaciones incestuosas.

Aquella vieja altísima, que pasó una noche por los naranjales, con su gran batón y su rodete. Las mariposas que, por seguirla, nos abandonaban.

2

When I look toward the past, I only see perplexing things: sugar, jasmine, white wine, black wine, the strange country school I attended for four years, murders, weddings among the orange blossoms, incestuous couplings.

That towering old woman who walked by our orange trees one night, with her long robe, her hair in a bun. The butterflies that abandoned us when they flew off to chase her.

3

Por el jardín las flores, las cebollitas tornasoladas. Es la tarde de María Auxiliadora. Y la Virgen está allá en el cielo pintada con sus pimpollitos, su alhelí, dulcemente a la acuarela, con su niño y sus estrellas. Y un ángel —pequeño— se hace evidente cerca de su sien, resplandece por un instante, desaparece, vuelve a aparecer. De pronto, se lanza hacia la tierra, cruza el bosquecillo, entra en la casa, se asoma a los pasteles de manzana, me mira, lo miro fijamente y empiezo a llorar, se va volando, volando, de nuevo, hasta la Virgen.

3

In the garden, flowers, iridescent onions. This is the evening of María Help of Christians. The Virgin floats in the sky, painted with her buds, her wallflowers, softly in watercolor, her child and her stars. And an angel—so tiny—appears beside her forehead, gleams for an instant, disappears, shines again. Suddenly, he hurls himself to the ground, runs through the grove of trees, steps into the house, leans over the apple pies, stares at me, I stare straight back and begin to cry, he takes off flying, flying once again, back to the Virgin.

4

Es la noche de las azucenas de diciembre. A eso de las diez, las flores se mecen un poco. Pasan las mariposas nocturnas con piedrecitas brillantes en el ala y hacen besarse a las flores, enmaridarse. Y aquello ocurre con sólo quererlo. Basta que se lo desee para que ya sea. Acaso sólo abandonar las manos y las trenzas. Y así me abro a otro paisaje y a otros seres. Dios está allí en el centro con su batón negro, sus grandes alas; y los antiguos parientes, los abuelos. Todos devoran la enorme paz como una cena. Yo ocupo un pequeño lugar y participo también en el quieto regocijo.

Pero, una vez mamá llegó de pronto, me tocó los hombros y fueron tales mi miedo, mi vergüenza, que no me atrevía a levantarme, a resucitar.

dying and staying is like looking into a double paned window made of (screen). You appear to others as you see - doubled over - not see through out - like a graphic 3D but in real colors - not opaque and real. You see the world you came from. Limited. Perhaps you — that's you can peek in around the corners edge × You see less as you stand on tus further - more deep as you stand nearer - but always it is family hard because what is behind you - what you stand with overlaps - the view that moves but is limited - itself never moving.

4

This is the night of December lilies. Around ten o'clock, the flowers tremble a little. The nocturnal butterflies fly over them with small gleaming gems on their wings, and they make the flowers kiss each other, marry each other. And this occurs purely through desire. If I wish for something, it will appear. I need only abandon my hands, my braids. And then I am opened to another landscape and other beings. God presides with his black cloak, his huge wings, and then the ancient relatives, my grandparents. All sit down to devour the great peace like a meal. And from my small place I too share in this quiet jubilation.

But then, one time, Mama came all of a sudden and tapped me on the shoulder, and such was my fear, my shame that I did not dare to rise, to resurrect.

5

Anoche realicé el retorno; todo sucedió como lo preví. El plantío de hortensias. La Virgen –paloma de la noche– vuela que vuela, vigila que vigila. Pero, los plantadores de hortensias, los recolectores, dormían lejos, en sus chozas solitarias. Y mi jardín está abandonado. Las papas han crecido tanto que ya asoman como cabezas desde abajo de la tierra, y los zapallos, de tan maduros, estiran unos cuernos largos, dulces, sin sentido; hay demasiada carga en los nidales, huevos grandes, huevos pequeñitos; la magnolia parece una esclava negra sosteniendo criaturas inmóviles, nacaradas.

Toqué apenas la puerta; adentro, me recibieron el césped, la soledad. En el aire de las habitaciones, del jardín, hasta han surgido ya, unos planetas diminutos, giran casi al alcance de la mano, sus rápidos colores.

Y el abuelo está allí todavía ¿sabes? como un gran hongo, una gran seta, suave, blanca, fija.

No me conoció.

5

Last night I went back; everything happened as I had foreseen. The planting of the hydrangeas. The Virgin—dove of the night—flying and flying, watching and watching. But the hydrangea planters, the harvesters, were sleeping far off, in their lonely huts. And my garden stands abandoned. The potatoes have grown so big that they stick out like heads from under the earth, and the squashes—so overripe—stretch out long antlers, sweet and senseless. The nests are overburdened with big eggs, small eggs; the magnolia looks like a black slave girl bearing immobile creatures of pearl.

I barely knocked on the door; inside, I was met by the grass, loneliness. In the air of the rooms, of the garden, they've just come forth, minuscule planets whirling almost at arm's reach, their colors swift.

And Grandfather is still there, you know? Like a big fungus, a big mushroom, smooth, white, set.

He did not recognize me.

6

Aquel verano la uva era azul –los granos grandes, lisos, sin facetas–, era una uva anormal, fabulosa, de terribles resplandores azules. Andando por las veredas entre las vides se oía de continuo crecer los granos en un rumor inaudito.

Y en el aire había siempre perfume a violetas.

Hasta las plantas que no eran de vid daban uvas. Llegaron mariposas desde todos los rumbos, las más absurdas, las más extrañas; desde los cuatro rumbos, llegaron los gallos del bosque con sus anchas alas, sus cabezas de oro puro. (Mi padre se atrevió a dar muerte a unos cuantos y se hizo rico).

Pero salía uva desde todos lados. Hasta del ropero –antigua madera– surgió un racimo grande, áspero, azul, que duró por siempre, como un poeta.

6

That summer the grapes were blue—each one big, smooth, without facets—they were totally strange, fabulous, shining with an awful blue brilliance. On the paths through the vines you could hear them, growing with a deep, outrageous murmur.

And in the air there was always the perfume of violets.

Even the plants which were not grapevines produced grapes. Butterflies came from all directions—the most absurd, the most unusual—from the four cardinal points came the forest roosters with their wide wings, their heads of pure gold. (My father dared to kill a few of them and got rich.)

But grapes were bursting out from everywhere. A big, rough, blue bunch even emerged from the wardrobe—ancient wood—and lasted forever, like a poet.

7

Yo no sé, pero, veo a la langosta, en el plato de plata, roja, delicadísima, castaña; bajo sus costillas de arroz, viven el amor, la champaña, las bodas futuras, los crímenes extraños, el agua, todo vive bajo su sacón de pimpollitos rojos.

7

I don't know, but I see the lobster, red, chestnut, so delicate on its silver plate, and under its ribs of rice live love, champagne, future weddings, strange crimes, water. Everything lives under its big bag of little red buds.

8

A veces en el verano, llueve, sólo un poco, debajo de los árboles. Entonces, aparecen los grandes caracoles que avanzan siempre como si estuvieran inmóviles; pero, avanzan siempre, estiran el cuello, todo lo miran y escudriñan. A veces, se retraen tanto, se vuelven tanto sobre sí mismos, que ya parecen yo-yos de nácar, tomates de cristal.

Ese ejército espumoso me da miedo y alegría. Y mamá allí, que inmóvil vigila con sus largas alas, sus "aigrettes."

8

Sometimes in summer, it rains just a little under the trees. Then the great snails appear, always advancing as if immobile, yet advancing just the same; they stick out their heads, watching, scrutinizing everything.

Sometimes they retreat so much, withdraw so much inside themselves that they look like pearly yo-yos, crystal tomatoes.

This foamy army brings me fear and joy. And Mama there, immobile, watches with her long wings, her "aigrettes."

9

Anoche, vi otra vez, la cómoda, la más antigua, la de las bodas de mi abuela y la juventud de mi madre y de sus hermanas, la de mi niñez: allí estaba con su alto espejo, sus canastas de rosas de papel.

Y vino la periquilla blanca —casi una paloma— desde los árboles, a comer arroz en mis manos. La sentí tan bien que iba a besarla.

Pero, entonces, todo llameó y se fue. Dios tiene sus cosas bien guardadas.

9

Last night again I saw the chest of drawers, the oldest, from my grandmother's weddings, my mother and her sisters' youth, my childhood. There it stood with its high mirror, its baskets of paper roses.

And then the white chick—almost a dove—flew from the trees to eat rice from my hands. She felt so real to me that I was going to kiss her.

But then, everything burst into flames and disappeared. God stows his things away safely.

10

A esta hora las chacras se quedan solitarias; pero, de vez en vez, sobresalen de entre las hojas, las cabezas negras de los ladrones.

Andando por algún camino, surgen de pronto, los gallos salvajes y están allí, de pie en el aire —la uña en corva, la negra cresta llameante–, están allí de pie, escudriñando, escuchando.

Y antiguas voces, clamores increíbles, vuelven a contar, a anunciar sucesos ya remotos, viejas bodas, viejos funerales.

Y la luna, quieta, traicionera, en su cueva de membrillos.

10

At this hour the farms become desolate; however, from time to time, the dark heads of thieves appear among the leaves.

Suddenly, from some other road the wild roosters arrive with their feet in the air—claws bent, black feathers in flames—they stand there, scrutinizing, listening.

And the ancient voices, with their incredible clanging, come back to recount, to broadcast occurrences now far in the past, old weddings, old funerals.

And the moon, quiet, treacherous, in its cave of quinces.

11

El gladiolo es una lanza con el costado lleno de claveles, es un cuchillo de claveles; ya salta la ventana, se hinca en la mesa; es un fuego errante, nos quema los vestidos, los papeles. Mamá dice que es un muerto que ha resucitado y nombra a su padre y a su madre y empieza a llorar.

El gladiolo rosado se abrió en casa.

Pero, ahuyéntalo, dile que se vaya.

Esa loca azucena nos va a asesinar.

11

The gladiolus is a spear, its edge loaded with carnations, a knife of carnations. It jumps through the window, kneels on the table; it's a vagrant flame, burning up our papers, our dresses. Mama swears that a dead man has risen; she mentions her father and mother and starts to cry.

The pink gladiolus opened up in our house.

But scare it off, tell it to go.

That crazy lily is going to kill us.

12

Aquellas botellitas de perfume, aquellas botellitas color oro, color limón de oro, color perfume, aquellos porroncitos diminutos, aquél sándalo, aquella clavelina, esa violeta, pesaban como un higo, como un solo grano de uva, rojo y rosado y color oro, como un grano de uva roja y rosada y color oro aquellas botellitas increíbles. En torno a ellas reconstruyo la casa.

¿Dónde habitarán ahora? ¿Sólo en un recuerdo, en un espejo, en la fotografía más vieja? A veces, transitan por el aire, las conozco; se dirigen allá, llegan a aquel lugar estratégico. Y mis trenzas de antaño las encuentran.

12

Those tiny bottles of perfume, those tiny gold, lemon-gold, perfume-colored bottles, those minute carafes, that sandalwood, that carnation, that violet, they weighed as much as a fig, as much as a single grape, red and pink and gold-colored, like a red and pink and gold-colored grape, those incredible little bottles. Around them I am rebuilding the house.

Where might they be now? Only in a memory, in a mirror, in the oldest photograph? At times they float through the air, I recognize them; they fly off over there, arrive at that strategic point. And my braids from long ago come back and find them.

13

Ellos tenían siempre la cosecha más roja, la uva centelleante. A veces, al mediodía, cuando el sol embriaga, —si no, nunca nos atreviéramos— mi madre y yo, tomadas de la mano, íbamos por los senderos de la huerta, hasta pasar la línea casi invisible, hasta la vid de los monjes. La uva erguía bien alto su farol de granos; cada grano era como un rubí sin facetas con una centella dentro. Ellos estaban aquí y allá con las sayas negras o rojas, y parecían escudriñar diminutas estampillas, grandes láminas, o meditar profundamente sobre el Santo de esos lugares. A nuestro rumor alguno dirigía hasta nosotras la mirada como una flecha de oro o de plata. Y nosotras huíamos sin volvernos, temblando bajo el inmenso sol.

13

They always had the reddest harvest, sparkling grapes. Sometimes at noon, when the sun gets us drunk—otherwise we wouldn't dare—my mother and I walked hand in hand along the paths through the orchard, up to the nearly invisible line, up to the monks' vines. Each vine raised its lantern of grapes; each was like a ruby without facets, with a spark inside. They stood here and there in their black or red robes, absorbed in contemplation, and they seemed to be scrutinizing miniature stamps, great paintings, or else meditating intensely on the Saint of those parts. Hearing our approach, one turned toward us with a stare like an arrow of gold or silver. And we fled, never to return, trembling beneath the immense sun.

14

A veces, en el trecho de huerta que va desde el hogar a la alcoba, se me aparecían los ángeles.

Alguno, quedaba allí de pie, en el aire, coma un gallo blanco —oh, su alarido— como una llamarada de azucenas blancas como la nieve o color rosa.

A veces, por los senderos de la huerta algún ángel me seguía casi rozándome; su sonrisa y su traje, cotidianos; se parecía a algún pariente, a algún vecino (pero, aquel plumaje gris, siniestro, cayéndole por la espalda hasta los suelos...). Otros eran como mariposas negras pintadas a la lámpara, a los techos, hasta que un día se daban vuelta y les ardía el envés del ala, el pelo, un número increíble.

Otros eran diminutos como moscas y violetas e iban todo el día de aquí para allá y ésos no nos infundían miedo, hasta les dejábamos un vasito de miel en el altar.

14

Sometimes, in the stretch of garden that goes from the hearth to the bedroom, angels appeared to me.

One of them stood upright, in the air, like a white rooster—oh, that crowing—like a blaze of white lilies, white like snow, or else rose-colored.

Sometimes, along the garden paths, some angel followed me, nearly brushing against me: his everyday smile and clothes; he looked like some relative, some neighbor (but then that gray hair, sinister, falling down his back to the floor…). Others were like black butterflies painted on the lamps, on the ceilings, until the day when they turned around and burnt the backs of their wings, their hair, a huge number of them.

Still others were as tiny as flies or violets, and all day long they flew all over the place, and we weren't afraid of them at all; on our altar we even left them a jar filled with honey.

15

Los hongos nacen en silencio; algunos nacen en silencio; otros, con un breve alarido, un leve trueno. Unos son blancos, otros rosados, ése es gris y parece una paloma, la estatua a una paloma; otros son dorados o morados. Cada uno trae —y eso es lo terrible— la inicial del muerto de donde procede. Yo no me atrevo a devorarlos; esa carne levísima es pariente nuestra.

Pero, aparece en la tarde el comprador de hongos y empieza la siega. Mi madre da permiso. Él elige como un águila. Ese blanco como el azúcar, uno rosado, uno gris.

Mamá no se da cuenta de que vende a su raza.

15

The mushrooms are born in silence; some of them are born in silence, others with a brief shriek, a soft thunder. Some are white, others pink; that one is gray and looks like a dove, the statue of a dove; still others are gold or purple. Each one bears—and this is what's awful—the initials of the corpse it comes from. I don't dare devour them; that most tender meat is our relative.

But, come afternoon the mushroom buyer arrives and starts picking. My mother gives him permission. He chooses like an eagle. This one white as sugar, a pink one, a gray one.

Mama does not realize that she is selling her own kind.

16

Los labriegos nocturnos labran la tierra; la luna es más piadosa que el sol.

Veo al abuelo, a la abuela, a los vecinos, a mi padre, a mi madre. Corren detrás del arado, la mansera; los bueyes llevan el asta como la cruz a cuestas, coma si ya divisaran su monte Calvario. La tierra al abrirse, deja salir seres innominados: un hueso, un hongo, un huevo.

Como no las ven, las ovejas se acercan a la casa, roen el jardín de nardos; parecen dioses venidos a menos, ya sin ninguna pretensión.

La luna sube de pronto como una achira, como un churrinche, mas en lo alto, queda blanca y fija igual que una paloma sin alas.

Los caballos y las vacas trotan, cansado ya, pero, siempre paciente, su viejo corazón trabajador. Veo a los abuelos, los padres, a Ana y María –las siervas–, a Pablo y a Juan. Están todos. Y parece que no hay nadie.

16

The night workers till the earth; the moon is more pious than the sun.

I see my grandfather, my grandmother, my neighbors, my father, my mother. They run behind the plough, the yoke; the oxen bear it like the cross on their shoulders, as if catching sight of their Mount Calvary. When the earth opens up it lets out nameless beings: a bone, a mushroom, an egg.

Since no one sees them, the sheep graze close to the house, they gnaw the garden of spikenards; they look like demoted gods, now without expectations.

The moon rises suddenly like an achira flower, like a cardinal, but up in the heights, it stays still and white as a wingless dove.

The horses and cows trot on, already tired, but always patient, their old worker hearts. I see my grandparents, my parents, Ana and Maria—the servants, Pablo and Juan. They're all there. And it seems that no one's there.

17

Soy siempre la misma niña a la sombra de los duraznos de mi padre. Los duraznos ya están oscuros, ocres y rosados, ya muestran los finos dientecillos, la larga lengua de oro, las manzanas y las peras aún son verdes; en su follaje me refugio. Pero, espío hacia la casa, escucho las conversaciones, las fogatas; veo llegar de visita, los parientes, los vecinos; pasa de largo el humo arriba de los pinos; resuena la campana del té.

Y yo estoy allí oculta en medio de la fronda. Los duraznos son como siniestros pimpollos de rosa.

17

I am always the same child in the shadow of my father's peach trees. The peaches are dark, ochre and pink; already they're showing their fine, perfect teeth, their long, golden tongues, the apples and pears are still green; in their foliage I take refuge. But then, I look toward the house; I hear the conversations, the bonfires; I watch the visitors arriving, relatives, neighbors; the smoke rises slowly over the pines; the bell calls us for tea.

And I stay hidden there among the leaves. The peaches are like sinister rosebuds.

18

A esa hora, los animalitos de subtierra empezaban su trabajo, (los que usan saco duro y laboran al ritmo de tambores: toc-toc). A esa hora la luna llegaba hasta aquel sitio logrando su máximo fulgor; y el palomar se desataba sobre la luna; pero esos pájaros, de lejos, parecían mariposas, grandes moscas centelleantes. Las palomas sobrevolaban a la luna, la picoteaban, la acariciaban.

Y todo esto se hacia más evidente al mirar las cosas desde el bosque negro de naranjos. Y los abuelos allí sentados, inmóviles, con sus batones en rosa pálido, sus aciagas trenzas.

Siempre tenían en la mano algo excesivamente brillante, lo mostraban, lo escondían. ¿Es que se cayó una paloma? –yo me acercaba, espiaba, suplicaba– ¿o es una liebrecilla de los lirios?

Pero ellos, daban siempre una respuesta extraña: –Es un santo, – decían– es San Carlos, San Cristóbal, es Santa Isabel.

No puedo ordenar mis recuerdos.
La luna me los desbarata cada vez.

18

At that hour, the tiny underground creatures were starting their work (those ones that wear heavy coats and work to the rhythm of drums: toc-toc). At that hour the moon was reaching the summit of its brilliance, and all the doves scattered over the moon; but from a distance those birds looked like butterflies, great, sparkling flies. The doves were flying over the moon, pecking at it, caressing it.

All of this became clearer as I watched the scene from the black forest of orange trees. And my grandparents sitting there, frozen, their cloaks a pale pink, their ill-fated braids.

They always held some too-brilliant thing in their hands; they showed it; they hid it. Is it a fallen dove? I stepped closer, looking, asking—Or is it a little hare from among the irises?

But they always gave me the strangest reply.—It's a saint, they said. It is San Carlos, San Cristóbal, Santa Isabel.

I cannot put my memories in order.

The moon just wrecks them every time.

19

Más allá de la tierra, por el aire, en el plenilunio, como una vara de azucenas, su costado se carga sin tregua, de jacintos, de narcisos, de azucenas. Los lobos al mirarle se amilanan; los corderos se arrodillan, locos de amor y de miedo. Él ambula, va, como un candelabro errante, como una hoguera, va hacia la casa, pasa junto a los armarios, al hogar; con sólo mirarlas asa las manzanas, las abrillanta, las envuelve en papel confitado, echa piedrecillas de colores en el arroz, hace fosforecer los panes y las peras. Se hinca en mitad de la mesa como una vara de yuca por noviembre, caza una estrella, se carga de velitas, de piñones, botellitas. Va hacia el dormitorio, gira sobre mi sueño, sobre mis ojos bien abiertos; se sostiene en el aire como una corona hecha por tres hileras de perlas, como una lámpara. Es un pez, una rama de coral fuera del agua con cada coral bien henchido igual que un pimpollo o como un labio. Vuelve hacia la luna; ahuyenta a los caballos, las lechuzas, que se precipitan en vuelo en un instante y se detienen. Me llama. A mí que estoy desvelada; y nos vamos más allá de las colinas, de los labriegos nocturnos que quisieran segarlo como a una hortensia.

19

Beyond the land, through the air, in the full moon's light, like a lily's stem, it loads its side incessantly with hyacinths, narcissi, white lilies. The wolves draw back at the sight of it; the lambs get down on their knees, crazy with love and fear. It moves on, goes off like a wandering candelabra, a bonfire; it goes toward the house, passes the cabinets, the hearth; with only a glance it burns the apples, illuminates them, wraps them in candied paper; it flings colored stones into the rice; it makes the bread and pears glow. It drives itself into the table like a November yucca branch, hunts a star, stuffs itself with candles, pine nuts, little bottles. It breaks into the bedroom, spins over my dream, over my wide-open eyes; it floats in the air like a three-tiered crown of pearls, a lamp. It is a fish, a coral branch outside the water, each piece of coral as swollen as a bud or a lip. It flies back toward the moon; it scares the horses and owls, who break into flight and instantly stop. It calls to me. To me, sleepless; and we go off beyond the hills, away from the night workers who tried to mow it down like a hydrangea.

20

Las margaritas abarcaron todo el jardín; primero, fueron como un arroz dorado; luego, se abrían de verdad; eran como pájaros deformes, circulares, de muchas alas en torno a una sola cabeza de oro o de plata. Las margaritas doradas y plateadas quemaron todo el jardín. Su penetrante perfume a uvas nos inundó, el penetrante perfume a uvas, a higo, a miel, de las margaritas, quemó toda la casa. Por ellas, nos volvíamos audaces, como locos, como ebrios. E íbamos a través de toda la noche, del alba, de la mañana, por el día, cometiendo el más hermoso de los pecados, sin cesar.

20

The daisies embraced the whole garden; first, they looked like golden rice; then they really opened. They were like deformed, circular birds with a single golden or silver head, surrounded by so many wings. The golden and silver daisies burned the whole garden. Its piercing perfume of grapes flooded over us; the piercing perfume of grapes, figs, honey, daisies set the whole house aflame. Because of them we were emboldened, like the insane, like drunks. And so we went on through the whole night, the dawn, the next morning and through the day, committing over and over again the loveliest of sins.

21

A la hora en que los robles se cierran dulcemente, y estoy en el hogar junto a las abuelas, las madres, las otras mujeres; y ellas hablan de años remotos, de cosas que ya parecen de polvo; y me da miedo, y me parece que esa noche sí va a venir el labriego maldito, el asesino, el ladrón que nos va a despojar de todo, y huyo hacia el jardín y ya están las animalejas de subtierra –digo yo–, ellas tan hermosas, con sus caras lisas, de alabastro, sus manos agudas, finas, casi humanas, a veces, hasta con anillos. Avanzan por los senderos, diestramente.

Asaltan la violeta mejor, la que tiene un grano de sal, la celedonia que humea como una masita con miel, el canastillo de los huevos de mariposa –oh, titilantes–.

Actúan con tanta certeza.

Una vez mi madre dio caza a una, la mató, la aderezó, la puso en mitad de la noche, de la cena, y ella conservaba una vida levísima, una muerte casi irreal; parecía huida de un banquete fúnebre, de la caja de un muerto maravilloso. La devorábamos y estaba como viva.

El anillo que yo ahora uso era de ella.

21

At the hour when the oak trees close up gently, I am at the hearth beside the grandmothers, the mothers, the other women, and they speak of years long past, of things that now seem like mere dust; and this scares me, and it seems that this is the very night when he is going to come—the cursed field hand, the murderer, the thief who will strip us of everything. And so I flee to the garden, and the little underground creatures are already there. So beautiful, I say, with their smooth alabaster faces, their sharp, delicate, almost human hands, sometimes even with rings. They advance along the paths, so deftly.

They attack the best violet, the one with a grain of salt, the celandine that fumes like a bit of dough with honey, the basket of butterflies' eggs—oh, how they quiver.

They act with such confidence.

One time, my mother decided to trap one; she killed her, skinned her, and set her in the middle of the night, of the meal, and that creature retained a bit of life, an almost unreal death, she seemed to have fled from a funeral banquet, or jumped out from the casket of some marvelous corpse. We devoured her and it was like she was alive.

The ring I now wear was once hers.

22

Las cebollas de plata, de gasa bermeja, con sus trenzas muy rígidas, sus rizos muy lacios, el ajo, de marfil y de lilas, envuelto en un capullo de organdí y de humo, las papas deformes, que por esas excentricidades de la subtierra, de pronto, echan al costado un pimpollo de rosa en rosa encendido, las ramitas de mármol de la coliflora, que más parecen glicinas sabrosas, el tomate como naranja carnavalesca, las arvejas, en azul muy pálido, como perlas españolas, la lechuga en perpetua adolescencia, con su paso verdeluz, lleno de gracia, los peces, partidos al medio y cargados de perlitas y de alitas y de flores, el pollo, de muerte reciente y ya envuelto en un halo de arroz, de ciruelas y óleo, la nuez milenaria, llena de arrugas y de perfume, como perfumero o viejecita, la liebre –parecida a la muerte– de largas orejas, escuchando dormida, las viejas pastoras vestidas de rafia, los mercaderes. Papá.

22

The silver onions of red gauze, with their rigid braids, limp curls; the garlic, of lilacs and ivory, cocooned in organdy and smoke; the deformed potatoes that, thanks to those oddities of the underworld, suddenly sprout from their sides a rosebud, gleaming pink; the cauliflower's marble branches, more like delicious wisteria; the tomato like a carnivalesque orange; the peas pale blue like Spanish pearls; the lettuce in perpetual adolescence, with its greenlight steps, full of grace; the fish, cut in half and covered with little pearls and wings and flowers; the chicken, recently dead and already crowned with a halo of rice, plums, and oil; the millennial nut, full of wrinkles and perfume, like a perfume sprayer or a little old woman; the long-eared hare—who looks like death—listening in her sleep, the old shepherdesses in their raffia gowns, the merchants. Papa.

23

Los gladiolos son de mármol, de plata pura, de alguna tela fantasma, de organdí; son los huesos de María Santísima, que aún andan por este mundo.

Hace mucho me persiguen esas varas espectrales. Por la noche cruzan la ventana; si estoy soñando se entran en mi sueño, si me despierto, están de pie junto a la cama.

Los gladiolos son como los ángeles, como los muertos. ¿Quién me libra de esa vara tenue, de la mirada de ese ciego?

23

The gladioli are made of marble, of pure silver, of some ghostly fabric, organdy; they are the bones of Most Holy Maria; they are still walking through this world.

For a long time these spectral stems have followed me. At night they come in through the window; if I am sleeping, they enter my dream; if I am awake, I find them standing at the foot of my bed.

The gladioli are like the angels, like the dead. Who can free me from that tenuous stem, from the gaze of that blind man?

24

Todas la muerte y la vida se colmaron de tul.

Y en el altar de los huertos, los cirios humean. Pasan los animales del crepúsculo, con las astas llenas de cirios encendidos y están el abuelo y la abuela, ésta con su vestido de rafia, su corona de pequeñas piñas. La novia está todo cargada de tul, tiene los huesos de tul.

Por los senderos del huerto, andan carruajes extraños, nunca vistos, llenos de niños y de viejos. Están sembrando arroz y confites y huevos de paloma. Mañana habrá palomas y arroz y magnolias por todos lados.

Tienden la mesa; dan preferencia al druida; parten el pastel lleno de dulces, de pajarillos, de perlitas.

Se oye el cuchicheo de los niños, de los viejos.

Los cirios humean.

Los novios abren sus grandes alas blancas; se van volando por el cielo.

24

All of life and death was filled with tulle.

And on the altar of the gardens, the candles are steaming. Twilight's animals pass by, their antlers covered with smoldering candles, and my grandfather and grandmother are there—my grandmother in her raffia dress, her crown of tiny pinecones. The bride is covered completely in tulle; even her bones are tulle.

Along the garden paths, strange carriages—never seen before—come, filled with children and old people. They are sowing rice and sweets and doves' eggs. Tomorrow there will be doves, rice, and magnolias all over the place.

They set the table, giving the druid the best spot; they divide the cake, filled with candies, little birds, little pearls.

You can hear the whispers of the children, the old people.

The candles are steaming.

The bride and groom unfold their big white wings; they take off flying into the sky.

25

De ciprés a ciprés iban los planetas, alguno, grande, fijo, como un limón, como una llama.

De ciprés a ciprés iban los trenes. Su violín triste, señalando el desencuentro, el sur de todas las cosas. A veces, los mayores decían algo como: "Oswald ha muerto y lo llevan a la estación de..." pero para ella, que sólo tenía cinco años, casi no poseían sentido ni Oswald ni la muerte.

A esa hora los mayores —el abuelo, la abuela, el padre, la madre— se retiraban al altar. Pero ella quería quedarse en ese rincón del jardín, mirando caer las piñas. Oh, los livianos maderos llenos de guindos extraños.

Asi que Iván apareció y le dijo: —Mi corazón es un conejo. Y ella tuvo que mirar hacia arriba, porque él era alto, él era un hombre. Él se inclinó, se arrodilló; ella le miraba el pecho, buscándole dos hojas largas y blancas, dos orejas largas y blancas. Pero, de súbito, lentamente, empezó a adivinar. Su terror fue tanto que en vez de huir hacia la casa, entró en el bosquecillo; resbalaba entre las ramas; pero, allí parecía haber unas mujeres y unos hombres, quietos bajo el manto, quizá con qué horrible designio, y animales de cuatro y cinco ojos verdes, fijos, que la escudriñaban, la miraban centralmente.

Así que olvidándose casi hasta de ella misma, salió al descampado; iba a meterse entre las viñas, las grandes hojas le darían sosiego. Pero, ya pasaban los murciélagos del crepúsculo fumando sus pequeños cigarrillos de plata. Y se detuvo. A dos o tres metros, Iván la descubrió, avanzaba hacia ella, ella se desvanecía, él la levantó, la abrazó, le decía: —No llores, te llevaré de nuevo hacia la casa.

Ella sabía bien que no era cierto.

25

From cypress to cypress flew the planets—one of them huge, fixed in space like a lemon, like a flame.

From cypress to cypress flew the trains. Their sad violin signaled the parting, the southernmost point of all things. At times, the adults said something like, "Oswald has died and they're bringing him to Station _____" but, since she was only five, neither Oswald nor death meant much of anything to her.

At that hour the adults—Grandfather, Grandmother, Papa, Mama—withdrew to the altar. But she preferred to remain in her own corner of the garden, watching the pinecones fall. Oh, what light branches, full of strange cherries.

Then, Iván appeared, and he said, "My heart is a rabbit." And she had to look up, because he was tall, he was a man. He stooped and knelt down; she stared at his chest, looking for the two long, white leaves, two long, white ears. But then, suddenly, slowly, she began to figure things out. Her terror was such that instead of fleeing toward the house, she ran to the grove stumbling among the branches as she went. But there seemed to be some women and some men there, motionless under that cover, perhaps with some awful scheme in mind, and animals with four or five green eyes that fixed on her, scrutinized her, gazed into her core.

And so, nearly oblivious even to herself, she ran out to the open space; she was going to hide among the vines, seek refuge among their huge leaves. But already twilight's bats were flying overhead, smoking their little silver cigarettes. And she stopped. Iván had found her and was coming toward her, now just two or three meters away. She fainted, and he lifted her, hugged her, and said, "Don't cry. I'm taking you back home."

She knew full well that this was not true.

26

Cuando todavía andaba con los mercaderes, después del largo desierto, un campo de plata. Lejos, algún molino solitario; cerca, los árboles como espantapájaros cubiertos de rocío. Más allá del velo de la luna y los vapores los camellos empezaron a labrar las hojas y eran como dulces monstruos de otra historia. El jefe –la boca sequísima llena de dientes como perlas, como un molusco que se hubiese ido en perlas, en un cáncer de perlas–, oteaba el aire azul, aspiraba; sus sentidos eran finísimos. Anunció que se iba aproximando una futura víctima nunca imaginada, un ser singular, algo con lo que nunca jamás íbamos a hallar parecido. La verdad era que todos teníamos una terrible hambre porque la vigilia había sido demasiado larga y todavía estábamos bien distantes de todo. Aprestamos las lanzas. La niña cayó de súbito en nuestro círculo, antes de lo que esperábamos.

Detrás del rocío los camellos se pusieron alertas. Venía desnuda; el aire le movía el cabello; parecía no recordar una sola palabra, no oír nada; sólo sus ojos se fijaban poderosamente en todo; tenía el cuello largo y hermoso y los ojos levantados y hermosos. Por juego la dejábamos escapar y le volvíamos a poner cerco.

De pronto, lejos, lejísimos, más allá de los valles y los montes, una voz clamoreó, repitió un nombre de muchacha, un nombre parecido a –Isabel!... a –Isabel!...

Entonces, por un segundo, ella escuchó atenta, luego, sin decir una sola palabra, sin oír nada, se nos huyó sin que pudiéramos detenerla.

A la sombra de una parva de pastos plateados le dimos caza definitivamente. Los senos le latían como dos palomitas con miedo. No nos costó ningún trabajo matarla.

Su carne era riquísima; su tuétano, delicioso. Tenía el mismo sabor de esos monstruos de cabello blanco que nacen adentro de las matas de lirio y no se salen nunca de allí.

26

Still going around with the merchants, beyond the long desert, a silver field. Far away, some lone windmill; close by, the trees like dew-covered scarecrows. Beyond the moon's veil and vapors, the camels began to chew leaves like the gentle monsters of another story. The leader—his parched mouth filled with teeth like pearls, like a mollusk dissolved in pearls, in a cancer of pearls—scanned the blue sky, inhaling; his senses were piercingly acute. He announced that he was getting close to a future victim never before imagined, a singular creature, something the likes of which we never would have found. The truth is that we were all terribly hungry, for our vigil had gone on for too long, and we still were so far from everything. We readied our spears. The girl suddenly fell into our circle, before we expected it.

Behind the dew, the camels became alert. The child was naked; the wind was blowing her hair; she appeared not to recall a single word, not to hear a sound, only her eyes remained powerfully fixed on everything. She had a long, beautiful neck and raised, beautiful eyes. As a joke we let her escape for a minute, then enclosed her once again.

Suddenly, from far, far away, beyond the valley and the mountains, a voice was calling out, repeating a girl's name, a name that sounded something like, "Isabel… Isabel!"

Then, for a second, she listened closely; without a word, hearing nothing, she fled from us before we could catch her.

But in the shadow of a bale of silver hay we managed to hunt her down for good. Her breasts throbbed like two frightened doves. Killing her was no trouble at all.

Her meat was divine, her marrow delicious. She tasted just like those white-haired monsters who are born among the irises and never leave.

27

Entre la lavanda y la alhucema pasa la reina de los valles, entre las margaritas como huevos pálidos, asados, y las celedonias y las diademas de miel pasa la reina de la belleza en su carro azul tirado por un caballito del bosque y una mariposa.

Pero, cae la noche y se encienden las grandes estrellas que dan miedo, y a la fuente vienen a buscar agua, los árabes, y a beber, los camellos. Y una joven gacela huye de su madre y roe las flores en torno a la casa y un joven camello se le enamora. Y ella accede a amarlo. Y yo le grito, dándole un nombre de flor o de muchacha: —Margarita, es pecado!

Y ella vuelve hacia mí, el rostro casi de oro, los altos pétalos de la frente y me dice: — ¿Y qué?

27

Among the lavender the queen of the valleys passes, among the daisies like pale roasted eggs, the celandines and honey diadems, the queen of beauty rides by in her blue coach pulled by a forest pony and a butterfly.

But night falls and the great, terrible stars appear; the Arabs come to the fountain for water, and the camels go to drink. And a young gazelle flees her mother and gnaws at the flowers around the house, and a young camel falls in love with her. And she agrees to love him. And I cry out, giving her the name of a girl or a flower, "Daisy, this is a sin!"

And she turns around, her face almost golden, her forehead covered in high petals; she turns toward me and says, "So what?"

28

Afuera ruge el bosque; adentro está la fiesta; los hombres y las mujeres van de una pared a otra, las muchachas más leves que abanicos. Mi madre conserva su esbeltez niña, mi padre la corteja, hace años que aguarda el sí o el no, esa palabra como una joya final que ella no dará nunca; mi padre la corteja aunque ya ardió muchas veces la vara de manzano y tienen hijos casi donceles. Hasta que empieza el vals y esos rostros comienzan a hamacarse y mi madre es la estatua hacia la que miran todas las conquistas.

Y el pavo –degollado hace una hora, su cabeza como una joya, en cualquier parte– se envanece, se pavonea porque se bebió todas las nueces y un jacinto de caña.

Y yo estoy en este otro lado, inmóvil, junto a esa ave ebria.

Y ruge el bosque y la luna da órdenes; y sólo mamá es el Amor.

28

Outside, the forest is roaring; inside, they're having a party; the men and women walk from one wall to the other, the girls lighter than fans.

My mother has kept her thin, girlish figure; my father courts her; for years he has awaited the yes or no, that word like the final jewel she will never give; my father courts her, even though the trunk of the apple tree got burnt many times, even though their children are almost young ladies and gentlemen. Until the waltz begins and those faces start to swing, and my mother is a statue under the gaze of all her conquests.

And the turkey—beheaded an hour ago, its jewel-like head who knows where—strutting, preening because it drank up all the nuts and a hyacinth of rum.

And I stand on the other side, immobile before that drunken bird.

And the forest roars and the moon gives commands, and only Mama is Love.

29

A los diez años
yo era aquella alta niña rubia
al pie de las parvas de papas que mi padre levantaba
cerca de los rosales y la luna.
Ardían las legumbres, la paja de oro, los caballos blancos desconocidos
que, a la tarde, venían a visitarnos,
la cabellera hasta el suelo, igual a la mía,
los ojos como medallones con zafiros,
la boca llena de tremendas perlas,
iban arriba de la tarde,
encima de la noche de rocío;
ellos eran como reyes, soldados
de una victoria en la que no teníamos parte.
No sé si eran cincuenta o sólo uno,
nunca pude contarlos,
pasaban como nubes, como sueños;
rompieron el corazón de porcelana de la huerta,
se asomaban a mirarles las lechuzas, los gigantes,
pero, cabían en mis manos,
galoparon, dulcemente,
adentro de los aparadores de la abuela.

29

At the age of ten
I was that tall blonde girl
at the foot of the potato piles my father lifted
beside the rosebushes and the moon.
The crops were burning, and the golden hay, and the unknown white horses
that came in the evening to visit us,
their hair to the ground, long as mine,
their eyes like sapphire medallions
their mouths filled with tremendous pearls,
they flew up over the evening,
above the dew-covered night;
they stood like kings, soldiers
of a victory we did not share.
I do not know if they were fifty or just one,
I never managed to count them.
They passed by like clouds, like dreams,
breaking the garden's porcelain heart,
owls, giants, leaning out, staring at them
but, they fit in my hands
galloping sweetly
inside my grandmother's cupboards.

30

Nos avisaron antes de que firmásemos el contrato; pero, era una tierra tan hermosa, tan plena de acelgas y de rosas. Además, ellos disimularon por varios días. Hasta que un día de pronto, aparecieron los ángeles; se abrían en abanico delante del arado de mi madre; alguno quedaba como una rosanieve, fija, en la oreja del caballo. Todo el día iban de aquí para allá, como árboles errantes, transparentes; cruzaban las habitaciones, se les veía arder la cara de cera, los ojos azules, el cabello largo, de lino o de tabaco; por cualquier lado nos hallábamos una de sus perlas; ardían adentro del espejo, de la cama, de la mesa, como un ramo de pimpollos. Por la noche, entraban a robarnos la miel, el azúcar, las manzanas. Y al alba ya están sentados en la puerta cuchicheando en su suave idioma del que nunca entendimos una palabra. Ponían unos huevos rosados, pequeños y brillantes, que parecían de mármol, que se abrían enseguida y dejaban salir nuevas bandadas de ángeles.

A veces, mi madre creía saludar a una vecina; pero, a la otra, de pronto, le empezaba a arder la frente, una rosa extraña en la cintura.

Así, no pudo soportarlo más y vendió la huerta. Cuando nos íbamos para siempre; yo logré llevarme un ángel –pequeño– bajo el manto. Pero, en mitad del camino, mamá se dio cuenta y lo ahuyentó.

30

They warned us before we signed the contract, but it was such beautiful land, so full of chards and roses. Also, they fooled us for a few days. Until the day when suddenly the angels appeared, spreading their wings like a fan before my mother's plough; one stayed like a white rose, fixed, in the horse's ear. All day long they darted back and forth like wandering trees, transparent; they crossed the rooms; you could see their wax faces burning, their blue eyes, their long hair of linen or tobacco burning. Everywhere we looked we found their pearls; they burned inside the mirror, the beds, the tables, like a bouquet of buds. At night they came in and stole our honey, our sugar, our apples. And at dawn they were already there, seated in the doorway, chattering in their fluid language—we never understood a word. They laid pink eggs, tiny and gleaming, that seemed like marble; these opened almost immediately and let new flocks of angels emerge.

Sometimes, my mother thought she was greeting a neighbor, but then that neighbor's forehead suddenly burst into flames, a strange rose at her waist.

And so, she could not stand it any longer and sold that orchard. When at last the time came to leave, I managed to take one angel with me—a little one—hidden under my cloak. But halfway down the road, Mama noticed and scared it off for good.

31

Las estrellas ardían un poco lilas, un poco funerarias, como si se les hubiese caído la envoltura brillante, el papel de colores; y rugía, remotamente, el cañaveral de los muertos. Pero, era una hermosa tardecita, era abril. La asamblea había tenido lugar en la cueva; pero, ya estábamos bajo el membrillar. El jefe dio las últimas instrucciones. No podía haber fracaso. Cada uno pensó en su casa, allí cerca en cada huerto; era la hermosa hora, la del humo, la de los cirios rojos, cuando cada abuela taconea dulcemente en torno al pastel de manzanas. Todavía éramos casi niños; algunos de nosotros teníamos novia y era la hora de ir a visitarla; algunas de nosotras teníamos novio y era la hora de que nos viniesen a ver. Así, sentimos nostalgia, miedo, y también, una gran audacia.

Empezamos a reptar; cerca, lejos, pasaba algún amo de los huertos, con una pequeña carga de manzanas, un jarrón de leche. Aparecieron los gladiolos, como un mar de espumas, de cisnes; se les sentía el aroma a azúcar, a azahar; en parte, hubo que segarlos, nos diezmaban. Cerca del linde, la reunión se realizó otra vez. La casa apareció de súbito, las puertas de par en par. Nos encaramábamos, nos escondíamos. Ella taconeó dulcemente; se le veían los cirios, las manzanas; se asomó, ya, con un temblor, un frío presentimiento. Alguno de nosotros no pudo reprimir un pequeño grito de ansiedad, un silbo como de víbora.

Y las estrellas cayeron al silencio. Los gladiolos brillaron como nunca.

31

The stars were shining, a little lilac, a little grim, as if they had lost their brilliant wrapping, their colored paper; and in the distance, the cane field of the dead was roaring. But it was a glorious evening, it was April. The meeting had taken place in the cave, but now we stood among the quince trees. The boss gave the final instructions. There could be no failure. Each one thought of his or her house, close by in each orchard. It was the lovely hour, the hour of smoke, of red wax candles, the time when every grandmother stomps sweetly around an apple pie. We were still nearly children, though some of us had girlfriends, and this was the hour to go and see them; some of us had boyfriends, and this was the time when they would come to see us. And so we felt nostalgia and fear, and also great daring.

We began to slither; close by, far away, some master of the orchards passed by with a small load of apples, a jug of milk. The gladioli appeared before us like a sea of foam and swans, with their aroma of sugar and orange blossoms—we had to cut a few of them down; they were destroying us. Close to the forest's edge, the meeting had started up again. Suddenly, the house appeared, its doors wide open. We climbed up, we hid. She stomped gently; you could see the candles, the apples. And then, suddenly, she stood up with a tremor, a cold foreboding. Some of us could not hold back a little anxious cry, a snake's hiss.

And the stars fell into the silence. The gladioli gleamed as never before.

32

Decían que iba a venir de visita el dios. Desde el alba empezó el trajín. Pusimos el mantel mejor, los exquisitos huevos en almíbar, los platitos bien cargados de olivas bien maduras y de perlas. Toda la mañana espiamos al aire y al cielo, los árboles, las nubes solitarias. Alguien tocó a la puerta; no pudimos atenderle, queríamos estar a solas y rezar.

Pero, al mediodía, él llegó sin que viésemos por dónde. Allí estaba con sus largas trenzas, su mantón de lana, sus larguísimas astas de madera; nos arrodillamos, rezábamos, llorábamos; le servimos el manjar mejor, el gallo de fantasía, todo lleno de grandes grageas; almorzó, bebió; recorría la casa; dijo que quería llevarse algo, ya que no iba a volver jamás. Revisó el aparador, las telarañas, las tacitas de porcelana, el gran reloj al pie de la cama de la abuela, olfateó el roble, la albahaca, registró la cómoda, cajón por cajón, miró en el álbum; preguntó quién era Celia. Le mostramos la hermana pequeña.

La eligió.

32

They said that the god was coming to visit. The bustling began at dawn. We set out the best tablecloth, the most exquisite eggs in syrup, the little plates filled with ripe olives and pearls. All morning we watched the air and the sky, the trees, the lone clouds. Someone knocked on the door, but we did not answer; we just wanted to be alone and pray.

But at noon, he arrived—we didn't know from where. There he stood with his long braids, his woolen cloak, his colossal wooden staffs. We dropped to our knees, praying and crying; we served him the finest food, the fantasy rooster, all covered in big sprinkles. He ate his lunch, drank, and explored the house; he declared that he wanted to take something with him, since he was never going to return. He examined the cupboards, the chandeliers, the little porcelain cups, the big clock at the foot of my grandmother's bed; he smelled the oak trees and basil; he searched the wardrobe, drawer by drawer; he looked into the album; he asked which one was Celia. We showed him my little sister.

He chose her.

33

Porque di en recordar todo, la vieja casa, el caballo de mi padre, el hongo aquel que nació cerca de la casa –él también una criatura, la voluntad de Dios– el gusto que tenía, la otra morada allá en lo alto, el diálogo interminable de mi madre con las parientes, la escuela, la maestra, el caminillo de acelgas nacaradas, rojas, azules, sonrosadas, la vuelta de la escuela cada tarde, el carromato de los astros, la polvareda de los astros, mi primer casamiento, cuando la abuela fue sacerdote sumo –y tan fiel–, el delantal de organdí que usé entonces, la corona de pequeñísimos bizcochos. Los teru-terus, una bandada de lágrimas.

33

Because I happened to remember it all: the old house; my father's horse; the mushroom that sprang up alongside the house—it too a living creature, God's will—the taste it had; the other dwelling off in the heights; the endless talk between my mother and the relatives; my school; my teacher; the little path of pearly chards—red, pink, blue, the return from school each evening; the overhead train of stars; the dust of the stars; my first wedding, when my grandmother was the high priest—so faithful; the organdy apron I wore then, my crown of tiny cakes. The birds—teru-terus, a flock of tears.

34

No sé de dónde lo había sacado mi padre –él no salía nunca–; tal vez, desde el linde mismo del campo; allí estaba, el nuevo cuidador de las papas. Le miré la cara color tierra, llena de brotes, de pimpollos, la casaca color tierra, las manos extrañamente blancas y húmedas, que tentaban a cortarlas en rodajas y a freírlas. Pero, el abuelo no dijo nada y mi madre, tampoco. Sólo los perros adivinos empezaron a dar saltos y a gruñir y hubo que echarlos al jardín y ponerles cerrojo. Él se marchó, escopeta al hombro, hacia el gran cantero; allí quedaría bajo la luna, apuntando a los posibles ladrones, a las zorras que bajaran del bosque, y, sobre todo, a las liebrecitas roedoras.

Pero, cuando cayó del todo la sombra, mi raro corazón ya caminaba a saltos, manejando una sangre ya confusa; fui a ver a mi madre; ella estaba apoyada en la ventana, su recto perfil mirando hacia las sombras; no me atrevía a decirle nada. Volví a mi alcoba, cerré las puertas; los astros, con su plumaje de colores empezaron a volar de este a oeste, de un mundo a otro; me levanté, crucé el jardín, los perros gruñeron, no tenía miedo, había tal resplandor, además, conocía todos los escondites, los subterfugios, hubiera podido desaparecer bajo la tierra. Lo terrible fue que él me estuvo apuntando desde el principio. Cuando mordí la primera ramita, disparó, caí, me dio por muerta. Durante toda la noche, aunque soñé cosas increíbles, mis ojos permanecieron abiertos y mis largas orejas se mantenían atentas; sólo mis cuatro patitas entrechocaban temblando.

Al alba él me tomó, me alzó, la sangre rodó por mis flancos. Caminaba hacia la casa; ya, allá, había un rumor confuso, alguien estaría levantado, ya en la cocina; tal vez, los abuelos. Él entró –mis ojos se nublaron terriblemente–, me arrojó allí; dijo: –Noche tranquila. Una sola liebre.

34

I don't know where my father—he never went out—had found him; perhaps at the very edge of our field; there he was, the new guardian of the potatoes. I looked at his earth-colored face, full of sprouts and buds, his earth-colored cloak, his hands strangely white and moist, tempting you to cut them into slices and fry them. But neither my grandfather nor my mother said anything. Only the fortuneteller dogs started jumping, growling so loudly that we had to lock them outside. The guardian went out, shotgun over his shoulder, up to the big patch. There he would stay beneath the moon, pointing his gun at any potential thief, any fox who might dare to come out of the forest, and, above all, any gnawing little hares.

But, after all the shadows had fallen, my strange heart was racing, pumping a murky blood; I went to see my mother, who was standing by the window, her straight profile lost in the shadows; I dared not say a word. I returned to my room, closed the door; the bright-plummaged stars started to fly from east to west, from one world to another. I got up, I crossed the garden; the dogs growled, I wasn't afraid, the night was gleaming so, and besides, I already knew all the hiding places, all the subterfuges, I could have disappeared under the earth. The terrible thing was that he had been pointing his gun at me from the beginning. When I bit the first stem, he fired; I fell; he took me for dead. All night long, even though I dreamed of incredible things, my eyes remained open and my long ears stayed alert; only my four little paws hit each other, trembling.

At dawn he came for me, lifted me; the blood ran down my sides. He walked toward the house; already, there, came vague murmurs, someone was probably up, already in the kitchen, maybe my grandparents. He stepped inside—my eyes were terribly clouded—and threw me to the floor. "An easy night," he announced. Just one hare.

35

Me acuerdo de los repollos acresponados, blancos, —rosanieves de la tierra, de los huertos—, de marmolina, de la porcelana más leve, las repollos con las niños dentro.
Y las altas acelgas azules.
Y el tomate, riñón de rubíes.
Y las cebollas envueltas en papel de seda, papel de fumar, como bombas de azúcar, de sal, de alcohol.
Los espárragos gnomos, torrecillas del país de los gnomos.
Me acuerdo de las papas, a las que siempre plantábamos en el medio un tulipán.
Y las víboras de largas alas anaranjadas.
Y el humo del tabaco de las luciérnagas, que fuman sin reposo.
Me acuerdo de la eternidad.

35

    I remember the white, creased cabbages—white roses of the earth, of the gardens—cabbages of marble, of most delicate porcelain; cabbages holding their children inside.
    And the tall blue chards.
    And the tomato, kidney of rubies.
    And the onions wrapped in silky paper, rolling paper, like bombs of sugar, salt, alcohol.
    And the gnome asparagus, turrets of the kingdom of the gnomes.
    I remember the potatoes, and the tulip we always planted among them.
    And the snakes with their long, orange wings.
    And the tobacco of the fireflies, who smoked without ceasing.
    I remember eternity.

Magnolia

*In memory of my grandmother,
Rosa Arreseigor de Médicis,
with her soul of magnolia, of
water, of angel.*

Magnolia

*A la memoria de mi abuela,
Rosa Arreseigor de Médicis,
a su alma de magnolia, de
agua, de ángel.*

[1965]

1

Aquella muchacha escribía poemas; los colocaba cerca de las hornacinas, de las tazas. Era cuando iban las nubes por las habitaciones, y siempre venía una grulla o un águila a tomar el té con mi madre. Aquella muchacha escribía poemas enervantes y dulces, con gusto a durazno y a hueso y sangre de ave. Era en los viejos veranos de la casa, o en el otoño con las neblinas y los reyes. A veces, llegaba un druida, un monje de la mitad del bosque y tendía la mano esquelética, y mi madre le daba té y fingía rezar. Aquella muchacha escribía poemas; los colocaba cerca de las hornacinas, de las lámparas. A veces, entraban las nubes, el viento de abril, y se los llevaban; y allá en el aire ellos resplandecían; entonces, se amontonaban gozosos a leerlos, las mariposas y los santos.

1

That girl wrote poems; she placed them near the nooks, by the cups. It was the time when the clouds were floating through the rooms, when a crane or an eagle was always coming over to drink tea with my mother.

That girl wrote poems that were frenzied and sweet, with a taste of peaches and bones and birds' blood. This was back in the old summers of the house, or in autumn with its mist and kings. Sometimes, a druid would come, a monk from the depths of the forest, and he would extend his skeletal hand, and my mother would serve him tea and pretend to pray. That girl wrote poems; she placed them near the nooks, by the lamps. Sometimes the clouds came in, the April air, lifting them up, and there in the air they gleamed. And then the saints and butterflies crowded around, filled with joy, to read them.

2

Al atardecer la muchacha dejaba el alto bosque, y a su paso las achiras con las grandes flores rojas parecidas a sexos de arcángeles demasiado vaporosos y libidinosos. Miraba de soslayo los enormes pétalos y se estremecía; y el camino iba hacia abajo y ella, y desde el aire algún viejo santo caía revoloteando a morírsele en las manos; y así lo apresaba, y eran el último temblor, el golpe de las alas; y el camino iba hacia abajo y ella loca de miedo a través de toda la heredad, la vieja arboleda, la puerta del antiguo hogar. Entonces, llamaba a los criados, les entregaba el muerto para que lo asasen durante media hora, lo aderezasen, con alguna hortaliza dulce, alguna cebolla fantástica.

2

When night fell, the girl left the high forest, and in her wake the arrowroots with their flowers as big and red as archangels' genitals—much too moist and libidinous. She glanced sideways at the enormous petals and shuddered, and the road went downwards, and she with it, and some old saint fell down from the sky, spinning through the air to die in her hands, and she caught him, and it was his final trembling, the last flap of his wings, and the road went down, and she with it, crazy with fear across the whole property, the old grove, up to the door of the ancient home. Then, she called the servants, she gave them the corpse to roast in half an hour's time, to season with some sweet vegetable, some fantastical onion.

3

Después de la lluvia la abuela hacía masitas con el arco iris y las frutas viejas; y una garza viene a pedir un favor –el sombrero largo y transparente–; la abuela la invita; y se sale uva blanca desde todos los rumbos, desde todas las hojas del almanaque; los vasos de colores van a hablar con la garza; la magnolia tiende sus fuentes para atrapar a las peras que van a caerse –de piel celeste y corazón de nieve–; pero, hay extrañas cifras en las caras de las peras; vamos a sumar todos esos treces enigmáticos y ver qué resulta; y en la casita de madera, pequeña junto a la casa grande, las cañas combaten llenas de agua, de azúcar y licor; y la papa se entreabre y deja salir una violeta desde su corazón de papa; y la abuela baja al jardín y destroza a una pareja de novios diminutos; y pasa el caballo que tiene un nombre hermoso, el que se llama Daniel y sabe reír, y los viejos sin dientes van al maizal a mirar las duras dentaduras y las chalas de fumar; y la magnolia viste larguísimo collar de perlas, vestidos bordeados de perlas; y están los hongos por todas partes, aquí y allá, como manzanas de espuma, naranjas madurísimas, la piel todo picada de maíces y esmeraldas.

Y el bicho que nace después de la lluvia, cruza el jardín, de norte a sur, oscuro y esquelético; y lleva uno de nuestros parientes muertos sembrado en el lomo como un jacinto.

3

After it rained my grandmother would make dough out of rainbows and old fruits, and a heron comes to ask a favor—his hat tall and transparent; Grandmother invites the bird in, and white grapes appear from all directions, from all the almanac's pages; the colorful glasses go to speak with the heron; the magnolia spreads her fountains and catches the pears that are about to fall—with their pale blue skin and hearts of snow. But there are strange codes written on the faces of the pears; we are going to add up all those cryptic thirteens and see what results; and in the small wooden shed, so tiny next to the big house, the cane plants are fighting, full of water, full of sugar and liquor, and the potato opens halfway to let a violet slip from its potato heart, and my grandmother goes down to the garden and crushes a pair of tiny lovers, and the horse with the beautiful name passes by—the horse called Daniel, who knows how to laugh—and all the toothless old men go out to the cornfields to stare at those strong sets of teeth, those corn-husk tobacco leaves, and the magnolia puts on her longest pearl necklace, her dresses embroidered with pearls, and everywhere there are mushrooms, here and there like foamy apples, overripe oranges, their skin all pockmarked with corn and emeralds.

And the creature that appears after rain, crosses the garden from north to south, dark and skeletal, and it bears one of our dead relatives planted on its back like a hyacinth.

4

Cuando llueve mucho, los ángeles se alínean en el jardín como pequeños druidas, juntan un poco las puntas rosadas (los caballos al verlos, huyen despavoridos; pero, a lo lejos, se detienen y empiezan a buscar sonriendo en sus memorias).

A veces, posan sobre los árboles como gallinas transparentes, o ponen un huevo azul y con manchas rojas, o blanco y pequeño, que yo escondo enseguida. A veces, viajan al maizal y picotean al maíz.

Cuando llueve mucho, los ángeles vuelan al interior de la casa; entonces, yo los apreso, los pongo en los floreros, los jarrones y las jarras. Y llevo alguno a la maestra.

4

When it rains a lot, the angels line up in the garden like tiny druids; they lightly join their pink tips (upon seeing them the horses flee in horror, but at a distance they stop and, smiling, begin to search their memories).

Sometimes, they sit in the trees like transparent hens, or they lay a blue egg with red spots, or a little white one which I immediately hide. Sometimes, they travel to the cornfield and nibble at the corn.

When it rains a lot, the angels fly inside the house; then, I grab them and put them in vases, mugs, and jars. And I bring one to my teacher.

5

Me parece que es noche de Reyes.

Se calló la dalia –desmesurada, granate y azul– dejó de girar, se paró su reloj, se pararon los enormes minuteros rosados; pero, suena lejana música de vals, y salen a bailar las golondrinas y los emperadores. Hasta que la nuez cantora calla y el pájaro del grillo también.

En uno de esos segundos se duerme mamá; no debiera, pues, vino una rata nobiliaria; tenemos visitas en el aparador.

... Me parece que es noche de Reyes.

Cae dentro un puñado de estrellas como si fuera de azúcar. Y todo el jardín y el firmamento están llenos de ricos pasteles cargados de cirios; hay grageas en el este y oeste; perlitas de plata en el norte y el sur.

Mis animales de antes resucitan. Vienen de lejos, de allá, a traerme juguetes.

5

It seems to me that this is Epiphany Night.

The dahlia fell silent—crooked, red and blue—it stopped spinning, its clock came to a halt, the huge pink minute hands stopped, but some distant waltz resounds, swallows and emperors come out to dance. Until even the singing walnut falls silent, the cricket's bird also.

In one of those moments Mama falls asleep; she shouldn't have, for that's when a noble rat arrived; we have visitors in the cupboard.

... It seems to me that this is Epiphany Night.

A handful of stars fall down as if made of sugar. And all the garden and the firmament are filled with cakes covered in candles; there are sprinkles from east to west, tiny silver pearls from north to south.

My animals of long ago live again. They come from far away, from the world beyond, to bring me toys.

6

Cuando suben los caracoles por el arco iris, y en los lejanos palomares, las palomas arrullan sus pimpollos parecidos a huevos de rosa y la rosa pone su huevo y en el horizonte prende otra vez la guerra, transitan los guerreros y las flores. Cuando entra la luna por la chimenea y cada platillo sostiene tenazmente su hálito, su pandorga de almíbar, de aroma, y las mesas y las camas parecen margaritas con abejas, y se salen los príncipes de los medallones —el tallo esbelto, de plata, la cara amarilla— y traemos la lámpara, las tazas, y alguna tacita vuela tenuemente, choca apenas con algún florido mueble. Y allá, por el aire, María y los pájaros toman el té.

6

When the snails climb up the rainbow, and the doves in their distant dovecotes coo at their rosebud eggs, and the rose lays an egg, and on the horizon war breaks out again, the warriors and flowers march past. When the moon comes down the chimney and each little plate stubbornly guards its breeze, its kite of syrup, of fragrance, and the tables and beds look like daisies covered with bees, and the princes step out of the portraits—long silver figures, yellow faces—and we bring the lamp, the teacups, and one little cup flies hesitantly, it almost collides with some flowery piece of furniture. And there, in the air, María and the birds are drinking tea.

7

(Para un hombre muerto)

La luna estaba empollando; se le caen briznas blancas; vuelan seis grullas pequeñas. Y tú con esa nuca de nácar recién conseguida y que no puedes trizar, con esa madera que no se despega. Y nosotras vigilando tu muerte —las lejanas vecinas, la algarabía de los trineos, allá por los abedules y los sauces. Soñamos cosas imposibles, que estás más joven que nunca, que caminas, que tu hermosa virilidad conquista a las grullas, a las doce doncellas del bosque. Soñamos cosas imposibles —ya nos embriagan el rocío, el café— que echamos arroz de novio sobre tus cejas, leve jengibre por tu herida, un pastelillo hacia tus labios, una mariposa asada en sus propias plumas como menta de colores, almendra dorada, un pastelillo de azúcar de colores, y que lo devoras. Y hasta que llega el sueño y la noche cruza por su medianoche y pasa no sé qué tiempo, y vuelvo a abrir los ojos, y ya es muy temprano, ya vuelan las vecinas, los trineos, sobre las delicadas ovejas, y allá por el campanario, las pagodas, una lucecita dibuja el horizonte.

Pero, entonces, tú te estremeces, levantas la cresta roja, las negras alas, y haces oír tu canto.

7

(For a dead man)

The moon was brooding; it drops white strands; six tiny cranes fly. And you with your neck of a newfound pearl, unbreakable, with that wood that can't be removed. And we who keep vigil over your death—the distant neighbor women, the bustle of sleighs, out there among the willows and poplars. We dream of impossible things, that you are younger than ever, that you walk, that your lovely virility conquers the cranes, the twelve maidens of the forest. We dream of impossible things—we're drunk on the dew and the coffee now—we dream that we throw bridal rice over your eyebrows, soft ginger over your wound, a little cake to your lips, a butterfly roasted in its own feathers like a many-colored mint, a golden almond, a colorful sugar cake, and we dream that you gulp it down. Until sleep comes and the night steps over its midnight and I don't know how much time passes, and I open my eyes again, and it's very early; already the neighbors, the sleds are flying over the delicate sheep, and there in the bell tower, the pagodas, a tiny light is drawing the horizon.

But then, you start to shake; you lift your red crest, your black wings, and make your song heard.

8

Ya es el final del día. El árbol extiende su cabellera, su magdalena, y tienta al jesús de los jacintos. Éste, violeta enorme, se separa de las hojas, y...

Mas todo es ficticio. Sólo la araña de vientre azul y patas negras traslada por el aire la red, el miosotis venenoso. Y allá en la mesa están los comensales y el pez —éste en su plato de plata parece un hombrecillo riquísimo, un enano gigante de color salmón, un pastel de camelias saladas; le devoramos como a un delicioso collar de perlas que tiene un gusto nunca visto. Y los murciélagos se asan tenuemente en el humo de sus propios cigarros. Y está la luna y va a dormirse. Y está el asesino, aquel santo, uno de largo velo y melena larga, que me sigue, me busca, y va a alcanzarme una noche.

8

It's already the end of the day. The tree spreads out its hair, its magdalene, tempting the jesus of the hyacinths. This one here, an enormous violet, moves away from the leaves and...

But all of it is a fiction. Only the blue-bellied, black-footed spider spins its web in the air, the poisonous forget-me-not. And there on the table sit the dishes and the fish, which on its silver plate looks like a tasty little man, a big, salmon-colored dwarf, a cake made of salted camellias; we devour it like a delicious pearl necklace with a taste never known before. And the bats toast themselves lightly in the smoke of their own cigars. And the moon is there, ready for bed. And he is there—the assassin, that far-off saint, one with a long veil and long hair—the one who seeks me, who pursues me, who surely will come for me one night.

9

… Y si vienen las liebres y nos llevan toda la arveja y todas las papas en flor —ellas con sus ojos granates y sus dientecitos granates?

… Y si nacen los hongos, —los pequeños y redondos como perlas, los blancos y espumosos, los que parecen limones de pana?

… Y si alguien hace una calavera con un zapallo, lo ahueca, le pone un cirio prendido por dentro?

… Si toman alcohol el espantapájaros, la vaca, y vienen a golpear a la puerta?

… Y si Magdalena se equivoca, o si grita, o si echa un lirio venenoso en el arroz?

9

... And if the hares come and steal all the peas and all the potato blossoms—if they come with their scarlet eyes, scarlet teeth?

... And if the mushrooms appear—the small ones that are as round as pearls, the white and foamy ones, the others that look like corduroy lemons?

... And if someone forms a skull out of squash, and hollows it out, and places one lit candle inside?

... If the scarecrow, the cow drink alcohol, and they come to knock on our door?

... And if Magdalena makes a mistake, or shouts, or throws a poisoned iris into the rice?

10

Cuando voy hacia el pueblo, temprano, a través de los prados, con el cesto y las jarras, y el rocío prende sus fósforos y quema toda la hierba, y el manzano sostiene como pesadas mariposas de colores, todas sus manzanas y sus peras, ya vidriadas y abrillantadas, y todos los hongos están confitados, desde la sombra de algún tronco, veo andar a aquel desconocido, al hombre nocturno, al de la cabeza de liebre.

10

When I'm walking toward town, early in the morning, across the meadows with my basket and jars, and the dew lights its matches and burns all the grass, and the apple tree holds, like heavy, colorful butterflies, all its apples and pears, now glazed and polished, and all the mushrooms are coated with sugar, and from the shadow of some tree trunk, from there I see him walking, that stranger, that nocturnal man, the one with the head of a hare.

11

A veces, los caballos se reúnen allá. Las lechuzas con sobretodos oscuros, lentes muy fuertes, campanillas extrañas, convocan a los hongos blancos como huesos, como huevos. A veces, tenemos hambre y no hay un animalillo que degollar.

Entonces, vamos por la escalera, hacia el desván, a buscar las viejas piñas, los racimos de tabla con uvas duras y oscuras, las viejas almendras; al partirlas, salta la bicheja, lisa, suave, nacarada, rosa o azul; si es de color oro, la arrojamos al aire y ella se pone a girar envuelta en un anillo de fuego, como un planeta.

A veces, ni tengo hambre. La luna está fija con sus plumas veteadas. Cantan los caballos.

11

Sometimes, the horses gather in the distance. The owls with dark overcoats, thick glasses, strange little bells; they summon the mushrooms, white as eggs, bones. At times we're hungry and there isn't one little animal whose throat we might slit.

And so, we climb the stairs to the attic; we search for old pines, the dried-out clusters of hardened, darkened grapes, the old almonds. When we divide them, the bug jumps out, smooth, soft, pearly, pink or blue; if she is gold, we throw her into the air and she spins like a ring of fire, a planet.

Sometimes, I'm not even hungry. The moon remains still in the sky, surrounded by feathers. The horses sing.

12

Ya las viejas bajan de la azotea la lechuga recién nacida, la magnolia con gusto a coco, una docena de huevos –la escalera sigue viaje por la oscuridad, inmóvil e interminable–; encienden las hogueras. Cruza algún murciélago como un telegrama espantoso. Si uno se asoma al ventanuco no ve el camino; pero, allá en el cielo está todavía bien tendida la mesa; las pequeñas tazas de porcelana y su rumor de vals, el mantel de gasa, los jacintos y las rosas. Y brilla fija la estrella del té.

12

Now the old women lower the newborn lettuce down from the roof, the magnolia that tastes like coconut, a dozen eggs—the stairway continues its journey through the darkness, immobile and endless—the bonfires are lit. Some bat flies across like a terrible telegram. Looking out from the window it's impossible to see the road, but there in the sky the table is already well set; the tiny porcelain cups with their murmuring waltz, the gauze tablecloth, the hyacinths and roses. And it shines steadily, the star anise.

13

A mis padres se les ocurría aquel juego siniestro. A la hora en que salen los jacintos como una bandada de pájaros desde la oculta tierra de la nada, azules, negros, amarillos como mariposas, o como rojas naranjas de cáscaras livianísimas y alcohol plateado, como zapallos y tulipanes, como gallinitas y cuervos delicados y fantásticos, de un ala sola, graznan, cacarean, levemente.

A esa hora yo iba a buscar un vaso de miel hacia la mesa. Y mis padres comenzaban la broma siniestra; me empujaban, me topaban –desde el aire caían papeles pavorosos–; yo veía las dentaduras, el pan abierto a carcajadas. En ese instante tenía que salir, que ponerme a llorar. Algún alcoholizado colibrí se equivocaba de narciso. Huían de soslayo, el muérdago, los robles, la nuez, la uva de la suerte; había poemas escritos en todos los troncos; pero, todos terminaban de la misma manera y no se entendían bien qué decían. El aullido silencioso de mis padres me daba terror, se me helaba la trenza; yo tenía que ir más allá de todo, del llano, del monumento druídico.

13

My parents thought up that most sinister game.

At the hour when the hyacinths come out like a flock of birds from the hidden land of nothingness, blue, black, yellow like butterflies, or like red oranges with the lightest rinds and silver alcohol, like squashes and tulips, delicate hens and fantastic one-winged ravens—lightly cawing, clucking.

At that hour I was going toward the table to look for a jar of honey. And my parents began their sinister joke: they pushed and shoved me—terrible papers were falling from the air—I saw the dentures, the open-mouthed laughing bread. In that instant I had to flee, to run away and cry. Some drunken hummingbird mistakenly chose the wrong narcissus. Everyone fled sideways, the mistletoe, the oak trees, the walnut, the lucky grape; there were poems written on all the trees' trunks, but all of them ended in the same way, and I did not understand what they said. My parents' silent howling filled me with terror; my braid froze, and I took off running far away from everything, beyond the plain, beyond the druidic monument.

14

De pronto, las gallinas clamaron; se oyó su cacareo fantasma detrás del cañaveral de oro; de pronto, todas tuvieron miedo de ser degolladas, matadas, de ir como espectros allá por las mesas, o blancas y tiernas, perdidos el cráneo pequeño, las patas amarillas, las entrañas. De pronto el cielo era rojo y azul y lleno de margaritas, en aquel mediodía siniestro, cuando yo aún era una niña, e iba hacia la escuela, y mi madre se esfumaba a la distancia, y todo; y él me perseguía sin cesar.

14

Suddenly, the hens cried out; their ghostly chuckling resounded from behind the golden cane field; suddenly, all of them feared that they would be beheaded, killed, that they would float over the tables like ghosts, white and tender, their small skulls, yellow feet, entrails lost. Suddenly the sky was red and blue and filled with daisies, that sinister noon when I was still a child, and I was walking to school, and my mother faded in the distance, and everything, and he chased me without end.

15

La arveja está suave y cargada. La liebre de la noche viene a comer —sus ojos como rubíes rodeados de brillantes, sus orejas como hojas—; un insecto sale del arvejal y se posa en la luna, oscuro, rayado, lleno de patas; la luna sigue molesta su vuelo.

A ras de tierra dicen mi nombre; los animalillos hablan mal de mí. Un enano, uno que tiene una cuenta pendiente con mi padre, echó a rodar la historia —ahora, todo el campo me espía— la propaga como una llama. No obstante, yo me arriesgo otra vez, y aquí estoy aguardando que aquél baje los cerros y cruce los prados, de nuevo, por mí.

15

The peas are smooth and full. The hare of the night comes to eat— her eyes like rubies surrounded by diamonds, her ears like leaves; an insect, dark and striped with many feet, jumps out of the pea field and lands on the moon; the moon, disturbed, continues its flight.

At ground level they are saying my name; the little animals speak badly of me. A dwarf who owes my father some money let the story out—now, all the countryside is spying on me—and the tale spreads like a flame. All the same, I risk myself again, and now here I am, waiting for that one to come down from the hills, to cross the meadows again, looking for me.

16

Recuerdo bien el ambiente, la cena espumosa y florida, los vestidos de las niñas como limoneros con flores, y a mi padre que contaba historias de lobos; de cuando él cazaba lobos al norte de la ciudad de... y a mi madre y su vieja corona de hierro con un solo rubí, y las moscas nocturnas, grandes y solitarias, proyectando su sombra sobre los panes y sobre las lámparas –quizá de qué cadáver provendrían, de qué macabro panal– y los rumores nocturnos, leves en la puerta y en la chimenea; acaso un precioso ratón blanco rodaba desde el pinar a la chimenea, o una gacela, recién salida del bosque; venía a yantar las azucenas.

Las historias se agolparon de súbito, comenzó la visión. El personaje transitaba de espaldas; pero, yo le veía la nuca armoniosa y casi le reconocía, oh, ¿no era aquel primo hermano de mi madre? ¿Aquel amigo preferido de la casa? ¿o mi primer novio? ¿o quien nos había salvado hacía tiempo en una tarde de lobos? Me atreví a interrumpir a mi madre; ella se volvió –el rubí sobre las cejas– entre interrogando y distraída. Y yo: ¡Mariano Isbel! Porque de súbito recordé el nombre, y me pareció que con eso estaba ya todo dicho. ¡Mariano Isbel! El personaje me volvía el rostro oscuro, los ojos brillantes.

Oh, sí, era aquel amigo preferido de la casa, y mi primer novio. Y rescaté la tarde, con trigos y con lilas; y el viejo carromato y las niñas, cuando fuimos al horizonte, y Mariano Isbel nos salvó a todos de la sombra de un lobo. Oh, y después se había muerto. Después se había muerto. Clamé: ¿Cómo nos hemos olvidado de Mariano Isbel?.. Pero, ¿cómo nos hemos olvidado?...

Todos me miraban entre interrogando y distraídos. Y como las lágrimas me inundaron el rostro, las criadas me llevaban desde la mesa a la alcoba. Oí los rumores y los himnos del final de la cena, las enaguas de flores de mis primas que se recogían, el paso de reina de mi madre. Lloraba tratando de retener el sollozo; pero, las lágrimas me inundaron el hombro, las sábanas, y así, empecé a llorar a gritos, enloquecida; y mi madre vino portando las lámparas, y todos detrás de ella; y mi madre se arrodilló y me tomó los hombros, y me decía: –Niña, pequeña mía, te vas

16

I remember the room so well, the foamy, flowery dinner, the little girls' dresses like lemon trees in bloom, and I remember how my father told stories of wolves, of when he hunted wolves north of the city of… and my mother with her old iron crown with its single ruby, and the nocturnal flies, huge and lonely, projecting their shadows over the loaves, over the lamps—who knows what corpse they've come from, what dark, ill-fated honeycomb—and the night rumors, the sounds in the door and the chimney; perhaps a perfect white mouse falling from the trees down that chimney, or a gazelle, recently emerged from the forest, coming out to eat lilies.

The stories spilled out, and suddenly, the vision appeared. The figure floated by on his back, but I saw his smooth neck and almost recognized him, oh, was he not my mother's first cousin? Or that favorite family friend? Or my first love? Or the one who came to our aid long ago, one evening filled with wolves? I dared to interrupt my mother; she turned around—the ruby over her eyebrows—half questioning, half distracted. And I, "Mariano Isbel!" Because all of a sudden I remembered his name, and it seemed that this stated everything. Mariano Isbel! The figure turned to show me his dark face, his shining eyes.

Oh, yes, he was indeed that cherished family friend, and my first love. And I recaptured that night, with its wheat and lilies, and the old covered wagon and the children, when we drove off toward the horizon, and Mariano Isbel saved all of us from the shadow of the wolf. Oh, and then he was dead. Then he was dead. I cried out, "How have we forgotten Mariano Isbel? How can we have forgotten him?"

Everyone looked at me with faces half questioning, half distracted. The tears were flooding my face so intensely that the maids had to carry me away from the table, to my room. I heard the hymns and murmurs at the end of the dinner, my cousins gathering up their flowery petticoats, my mother's queenly steps. I tried to hold back my sobs, but the tears flooded my shoulders, the sheets, and then my cries turned to crazy screams, and my mother came in bearing lamps, and the others followed behind her, and she knelt down before me and seized me by the shoulders

a volver loca. Mira que te vas a volver loca. Nombras a alguien que nunca existió. Hablas de alguien que nunca existió. Y lo terrible era que en lo hondo, yo no ignoraba que ella decía verdad. Haciendo un esfuerzo supremo me rehice y sonreí. Entonces, ellos se iban y se llevaban las lámparas. Del otro lado de los vidrios, la luna se encendió y me envió algo blanco, una avecilla, un patito de dulzuras, que me entró en la sangre, en el corazón. Iba a volverme, feliz, y a cerrar los párpados, cuando allí, en la media sombra, sobre la vieja arca, sentado, rígido, vi a Mariano Isbel que me dijo: —Llórame.

and said, "Child, my dear little child, you are going crazy. Can't you see that you're driving yourself crazy? You're talking about someone who never lived. You're going on about someone who never existed."

And the worst thing was that in the back of my mind I knew she was right. With great effort I pulled myself together and smiled. Then, they left, carrying their lamps. On the other side of the windows the moon gleamed and sent me something white, a little bird, a sweet little duck that entered my blood, my heart. I was starting to turn around, happily, to shut my eyes at last, when there in the shadows, seated rigidly on the old safe, I saw Mariano Isbel, who said, "Cry for me."

17

El día de mis bodas mi hermana Yla y mi madre se levantaron temprano, y avizoraban más allá de los cerros y de los horizontes, y las neblinas y las hierbas errantes de la mañana cubrían la cueva, y yo me levanté y ceñí mi túnica y lavé mis trenzas, y los invitados empezaron a llegar desde más allá de los cerros, y Heber el novio... Pero, mi corazón latía violentamente, y no probé la tarta de ratones y de ratas, ni antes ni después del rito.

Pasé el umbral con Heber, y el sol resbalaba entre las nubes y los pájaros sombríos, turbio, revuelto, como un ojo de buitre, como el sol de los días de eclipse, era un sol con muchas yemas. Y nosotros subíamos y bajábamos los cerros, y más allá subíamos y bajábamos los cerros, siempre separados y silenciosos; y después de mucho andar, yo me detuve y miré hacia atrás, y me pareció que ya no sabía hacia qué rumbo quedaba mi casa, que ya nunca más iba a saber hacia qué rumbo quedaba mi casa. Pasada la media tarde dimos con el hogar de Heber, y la madre de Heber estaba de pie en el umbral; alta y magra, el cabello blanco le cubría apenas el asta breve y derecha. La cueva era redonda y había una sola cama sobre la que yo me tendí, pues mi cansancio era tremendo. Heber y su madre tomaron las picas –Heber no se parecía a su madre; ésta era horrible, y yo a él veía los hombros armoniosos y los rizos– y fueron a cavar el predio entre las piedras en torno a la casa; cumplían prolijamente la cotidiana labor. A veces, la madre de Heber entraba a colmar el costal de semillas; pero, mi corazón latía violentamente, y lloré y temblé durante toda la tarde, y al caer de la tarde colocaban las pequeñas horcas y los cadalsos para la caza de ratones y de ratas; y mientras ellos se abismaban en esa labor, yo huí con paso escondido, no sé por cuánto tiempo, ni hacia qué rumbo; pero, me parecía que algo me iba siguiendo desde el principio, como un rumor, como el golpe de una pata de cabra; entonces, caí sobre las piedras, y lo que me seguía se aproximó y reconocí a Heber, y le grité: –Mátame, mátame, mátame.

Pero, él se reclinó a mi lado, se inclinó sobre mí y me violó.

Cuando volvimos a la casa, la luna barría las nubes. Cada cadalso contenía un muerto suculento. A tientas, en puntillas, fuimos hacia la cama; en su mitad, la vieja reposaba inmóvil; Heber se acostó a su izquierda, yo a

17

On my wedding day my sister Yla and my mother got up early, and they gazed beyond the hills and horizons, and the mists and wandering grass of morning were covering the cave, and I got up and tightened my tunic and washed my braids, and the guests began to arrive from beyond the hills, and Heber the groom... But my heart was beating violently, and I did not taste the cake of mice and rats, neither before nor after the ceremony. I crossed the threshold with Heber, and the sun slid between the clouds and shady birds, as muddy and jumbled as an eye of a vulture, as the sun during an eclipse; it was a sun filled with too much yolk. And we went up and down the hills, and up and down more hills; we walked apart from each other in silence. After a lot of walking I stopped and turned around, and it seemed that I no longer knew the way back to my house, that never again would I know the way back to my house. Around mid-afternoon we reached Heber's house, and his mother was standing in the doorway; she was tall and thin, her white hair barely covering that high, skinny pole. The cave was round and there was only one bed; I immediately lay down, totally exhausted. Heber and his mother took their shovels—Heber did not look like his mother; she was horrible, while he, in my eyes, still had harmonious shoulders and beautiful curls— and they began to dig among the stones around the house; methodically they went on with these everyday chores. Occasionally, Heber's mother came in to fill the sack with seeds, but my heart was beating violently, and I cried and trembled throughout the afternoon, and at nightfall they began to set out the tiny pitchforks and scaffolds, which they later would use to hunt mice and rats; and while they were engrossed in this work I snuck away, I don't know for how long, or in which direction, but it seemed like something was following me from the beginning—a murmur, a beating of goat's hooves. Then, I fell down on the stones, and my pursuer approached, and I saw that it was Heber, and I shouted at him, "Kill me, kill me, kill me."

But he stooped down at my side, leaned over, and raped me.

When we returned to the house, the moon was sweeping the clouds. Each scaffold bore some succulent corpse. In the darkness, on tiptoe, we

su derecha; y unimos las manos por encima del seco cuerpo. Pero, después yo me dormí. y soñé que estaba lejísimos con Yla y con mi madre, que atrapábamos ratones salvajes. Y que no me había casado.

groped our way toward the bed; the old woman lay immobile in the center. Heber lay down on her left, I on her right; we joined hands over her dry body. But then I fell asleep and dreamed that I was far, far away from that place, back with Yla and my mother, that we were hunting wild mice. And that I hadn't gotten married.

18

Ya antes de la cena aquel terror, aquella ansiedad.

Yo estaba sentada inmóvil, con los rizos bien peinados, junto a la mesa, cerca de los candelabros y de las liebrecitas de madera del reloj. Mi madre iba de un lado a otro y decía: –Oye, Marge. Mira, Marge. Y yo le veía el talle esbelto, los altos senos, y no quería mirarla, y la miraba apenas, de soslayo; y cuando ella dijo: –"Voy hasta la ribera del jardín a esperar el carromato de las cartas. Adiós, Marge", yo me recliné, me arrodillé entre los muebles por retenerme, y cuando ella salió, yo empecé a caminar en cuatro pies, en cuatro palmas. Entonces una locura gozosa me hizo vibrar las vértebras; las vértebras me vibraron gozosamente a tiempo que el cabello me recubría toda la piel, se me encorvaban las uñas y la boca se me cambiaba. Anduve así paso a paso, de pieza a pieza, en viaje de prueba. Pasé los ventanos y los oscuros diamelos y allí me arrollé. Vi transitar las ratas nocturnas de largas colas y caritas picudas. Una enorme curiosidad me vino a las uñas; quería probar si podía dar muerte; me hinqué sobre el lomo de uno de los grandes ratones y el aroma de la sangre me produjo un mareo glorioso. Más allá de la hierba llegué a los rosales. Lejos, entre los pinos, giraba el carruaje de las cartas, negro, con una lámpara roja y una leve campana. Todas las cosas me parecían viejas a la vez que recién nacidas; les tenía odio y ansiedad. Al instante, pasó mi madre portando la caja de las cartas; le vi el talle esbelto, los hombros bien velados. Tuve que cerrar los ojos e hincar las uñas en la hierba por contenerme; pero, la seguí con paso de cautela hasta que pasó el umbral y se sentó en la cama a mirar las postales recién venidas; entonces, la asalté, le rasgué los vestidos; saltaron sus senos, grandes, gruesos, suaves, con las puntas rosadas, como dos hongos preciosos, dos setas únicas. Ella gritaba "–Marge!, –Marge!, –Marge!, –Socórreme Marge!", y miraba hacia el comedor de los candelabros y de las liebres; pero, después, tal vez me reconocía, pues, me miró fijo en los ojos, pero, yo la desgarré violentamente y ella entonces, casi enseguida, murió.

Pasé los ventanos y los oscuros diamelos; abrí la arena, hice un leve hueco y me agazapé. Giraba impasible la noche del viernes.

18

Already before dinner that same terror, that anxiety.

I was seated, immobile, my curls well combed, at the table, close to the candelabras and the clock's wooden hares. My mother was pacing back and forth, saying, "Listen, Marge. Look, Marge."

And when I saw her slim form, her high breasts, I didn't want to look at her; I barely looked at her, glancing sideways. And when she said, "I'm going out to the edge of the garden to wait for the mail cart. Goodbye, Marge," I got down on my knees under the table, and once she was gone I began to walk on my four feet, four palms. My spine shook with a crazy delight; my vertebrae trembled joyfully as hair covered my skin, as my nails bent inward and my mouth changed its shape. And so I walked, step by step, bit by bit, a trial voyage. I ran by the windows and the dark jasmine, and there I got swept aside. I could see the nocturnal rats scurrying by with their long tails and pointy little faces. A huge curiosity came into my nails; I wanted to find out if I could kill; I sunk my nails into the back of one of the huge mice, and the smell of blood made me blissfully dizzy. Beyond the grass I reached the rosebushes. Far away, among the pines, the mail cart had arrived, black with a red lamp and small bell. All these things appeared both old and newly born; I hated them and felt uneasy. Then, my mother appeared with her box of letters; I could see her slim form, her well-hidden shoulders. I had to close my eyes and dig my nails into the grass in order to contain myself, but I followed her cautiously until she crossed the threshold and sat down on the bed and started to sort through some recently arrived postcards; then, I attacked her; I scratched at her clothes; her breasts popped out, big, fat, smooth, with pink tips, like two gorgeous fungi, two singular mushrooms. She screamed out, "Marge!—Marge!—Marge! Help me, Marge!" and looked toward the dining room of hares and candelabras, but suddenly, perhaps she recognized me, she stared at me straight in the eyes, but I tore at her violently, and then, almost immediately, she died.

I ran out past the windows, among the dark jasmine; I ripped open the sand, dug a shallow hole, and hid. The unfeeling Friday night whirled and whirled.

19

Era el atardecer y la luna volaba verde llena de pastos y ratones; la hora en que suben la rosa salvaje y la margarita de largas cejas blancas; y la piedra iba larga, aguda y sola, cerca del cielo, con huellas de vieja sangre, con huellas milenarias. Asomé el rostro enmascarado, por si alguien por milagro me viese, y clamé: –Nelva! y – Rosalía! y – Mariclavel!, y a las otras. Y ellas asomaron desde los ocultos pasillos, desde los escondrijos. Fuimos todas al pie de la piedra. –Yo traje un pollo. –Yo, una rata. –Yo, una liebre. –Yo, una gallina. –Yo logré capturar a un niño –dije.

Mas el pastor de la tarde venía conduciendo sus antiguas reses y huímos otra vez a los escondrijos –nuestras víctimas clamaban levemente–, pero, él iba absorto sólo en su canto y en las uñas de sus animales, y pasó. Asomé el rostro otra vez un poco enmascarado, por si alguien por milagro me viese; y llamé: –¡Nelva! y –¡Marirrosa! y –¡Clavel de María! y a las otras. Acudimos todas otra vez al pie de la piedra. El rito fue instantáneo. Afloró el cuchillo. Fue de mano en mano. Cayeron las cabezas. Todas. La de pollo, la de rata, y la cabeza de liebre. Y la cabeza de niño.

19

It was dusk, and the moon was flying, green, full of pastures and mice; the hour when the wild rose and white-eyebrowed daisy rise up; and the stone was rolling on, long, sharp and lonely, close to the sky, with tracks made from old blood, millennial tracks. I stepped forward with my masked face, in case by some miracle someone might see me, and I called out, "Nelva!" and "Rosalía!" and "Mariclavel!" and the others. And then from the dark hallway, from their hiding places they came, and we all climbed onto the stone. "I have brought a chicken." "I have a mouse." "I've got a hare." "I have a hen." "I managed to capture a child," I said.

But then the evening shepherd came by, leading his ancient sheep, and we ran back to our hiding places—our victims were whimpering softly—but the shepherd was completely absorbed in his song and his animals' nails, and he passed us by. I lifted my face, masking it a little in case by a miracle someone might see me, and I called, "Nelva!" and "Marirrosa!" and "Clavel de María!" And to the others. We came again to the foot of the stone. The ritual was completed in an instant. The knife swung. It went from hand to hand. The heads fell. All of them. The chicken's head, the mouse's head, the hare's head. And the head of the child.

20

Los frutos amontonaban leche, azúcar, vino blanco, y se volvían riquísimos, y como ya era el atardecer, las luciérnagas de oro dieciocho quilates y zafiros se ofrecían segundo por medio. Mi madre iba hacia la calleja a montar guardia y mi padre se deslizaba entre las hojas. Esto veía yo aún oculta en un hueco de la pared; de pronto, advertí al arcoiris y me pareció lo más hermoso, lo más delicado del mundo, un largo rosal, una ramada de rosas, un largo violín, el retrato de una melodía, la sombra de Dios; sí, tal vez fuese ésa la auténtica fotografía de Dios y se le pudiese rezar y... Empecé una oración a pedir que...; pero, me detuve perdida toda esperanza. Comencé a caminar yo también entre las hojas; el viento de la tarde velaba los pasos de mi padre y velaba mis pasos; la estratagema había dado resultado y era casi seguro que el otro ya estaba en el plantío. De pronto le vi, avanzaba rubio, sonriendo, despreocupado; yo me arrodillé; el paso de mi padre se hizo fino y terrible. Las mariposas me golpeaban la cara; crujientes, oscuras, riquísimas, como galletitas vivas y aladas. Cuando volví a mirar, la cara del otro había cambiado; avanzaba apenas, retrocedía, balbuceaba; pero, mi padre saltó como un gato negro de entre las hojas y se le asió a las venas; oí gemidos, palabras, risas inauditas; el otro logró desasirse; pero, le volvieron a dar caza; entonces, empezó a decir que la vida era bellísima y no se la quitaran; y luego empezó a hacer pedidos inauditos, a pedir por mí, a decir que por mí no le matasen. Hubo un segundo de lucha, otro de silencio; y mi padre rompió el grupo tambaleando y triunfal. Mi madre ya venía a unírsele; y yo, aunque ya no veía nada, ni a las luciérnagas —sólo las oía tic-tac tic-tac— logré deslizarme también entre las hojas y llegar a la casa antes que nadie.

20

The fruit trees were loaded with milk, sugar and white wine; they became delicious, and—as it was already evening—the sapphire, 14-karat gold fireflies were flickering every half second. My mother walked down the path and kept watch, and my father slipped among the leaves. I watched this from my hiding place in a hole in the wall; suddenly, I noticed the rainbow, and it seemed the most beautiful, the most delicate in all the world, a long rosebush, a branch of roses, a long violin, the portrait of a melody, the shadow of God; yes, perhaps it was a true photograph of God I might pray to, and... I began a prayer, asking for...but I stopped, all hope lost. I began to walk among the leaves; the night wind watched over my father's footsteps, my footsteps; the trick had worked and I was almost certain that the other was in the field. Suddenly I saw him, blonde, smiling, carefree; I knelt down; my father's steps became light and terrible. The butterflies hit my face, crunchy, dark, tasty as live, winged cookies. When I looked again, the other's face had changed; he was hardly moving; he was recoiling, stammering, but my father jumped out like a black cat from among the leaves and seized him by the veins; I heard whimpers, words, outrageous laughter; the other managed to break free, but they began the hunt again; then, he began to murmur that life was beautiful and begged them not to take it from him; after that, he began to make outrageous pleas, asking for me, begging that they spare him for my sake. There was a second of struggle, a second of silence, and then my father broke up the group, staggering and triumphant. My mother came out to join him, and I, even though I had seen nothing, not even the fireflies—I had only heard their tic-tac tic-tac—I managed to slip through the leaves and reach the house before anyone else.

21

Cuando Miguel murió su cara era una deliciosa naranja, una enorme margarita entre las altas ceras inmóviles que lo custodiaban. Y nuestros padres iban y venían y los vecinos; y después, unas gacelas altas como caballos lo llevaron a la muerte; pero, Miguel volvió; los que aún éramos niños, le advertimos en la noche por el jardín, como una fogata, un ángel, amenazaba quemarnos las flores. —Anda, Miguel. Pero, nuestros padres seguían mudos; y allá por el río, entre las cañas, él se adelantaba y retrocedía, como un gran pato, un cisne luctuoso y señorial. Y después llegaron las lluvias de marzo y nació la mosca, la margarita, la mariposa, y cerca de los gladiolos, como una gran planta, un ídolo, Miguel abrió su cara ya negra y ya cambiada. Y después vinieron los pequeños huracanes del final de marzo y algún arco iris errabundo y ardiente, quemaba a las cosas, las embellecía demasiado, asaba la frente de los robles, a las nueces las irisaba, las doraba, las plateaba; por dentro las volvía de oro puro y de cristal; y sobre la frente de los robles como un viejo escudo, el rostro de Miguel se volaba más y más. Y después llegó el otoño y se abrió lleno de frutos y gigantes, y cayó la nieve, y los hombres y las mujeres tenían miedo y encendían hogueras; y sólo los que todavía éramos niños, reíamos y reíamos.

Y después uno de nosotros se enamoró de una de nosotras; y así todo cambiaba. Y sobre la ancha casa del tiempo Miguel se desvanecía para siempre.

21

When Miguel died his face was a delicious orange, an enormous daisy among the long white candles that watched over him. Our parents and neighbors came in and out, and later that night, some gazelles as tall as horses came and carried him off to his death. But Miguel came back; those of us who were still children saw him in the night, in the garden; like an angel or bonfire he threatened to burn our flowers. "Go away, Miguel." But our parents remained mute; and there by the river, among the cane plants, he moved back and forth like a great duck, or a mournful, royal swan. And then the March rains came and the fly appeared, the daisy arrived, the butterfly was born, and among the gladioli, like a great plant, an idol; Miguel lifted his face, now black and transformed. And then came the little hurricanes of the end of March, and some rainbow, wandering and ardent; it burned everything, made everything much too beautiful, burnt the foreheads of the oaks, lit up the walnuts, turning them silver, gold. Their insides became pure gold and crystal; and over the oak trees' foreheads, like a great shield, Miguel's face was flying more and more. And then autumn came and unfurled itself, filled with fruits and giants, and the snow fell, and the men and women were scared and built bonfires, and only those of us who still were children laughed and laughed.

And then one of our boys fell in love with one of us girls, so then everything changed. And over the wide house of time, Miguel vanished forever.

22

El ciruelo sostiene sus cirios rosados, el manzano, sus grandes uvas blancas. Un perro del diablo, una bruja, hace señas hacia la casa en que habito. Hace mucho que esa llamarada recorre toda la huerta. Es una de mis amigas —la que se murió de muy joven—, pasa junto a las azucenas sin quemarlas, a los cebollines, la mujer sin rumbo, en llamas, dice que se llamaba Adela, y Rama de Flores, y Arvejilla, provoca disturbios en el jardín, pequeñas peleas, entra en la casa, se para en la frente del perro, recorre los marcos, los retratos, la cara de los ángeles. Dice que se llamaba Arveja, y Rama de Flores, y Adelina; se fija en la puerta de mis primos, los que la cortejaron durante un año, y ellos no saben qué hacer, qué ocurre, aprestan sus cuchillos, sus revólveres, quieren matar a las nubes, a esa noche solitaria, rarísima.

22

The plum tree bears its rosy candles; the apple tree, its huge white grapes. One of the devil's dogs, one witch, is sending signals to the house where I live. For some time now that blaze has been covering the orchard. It's one of my friends—the one who died very young—and now she is stepping over the lilies, the onions; this directionless woman in flames does not burn them; she says that her name was Adela, and Flower Branch, and Peablossom; she provokes a riot in the garden, little fights; she enters the house, stands before the dog; she examines the frames, the portraits, the faces of the angels. She says that her name was Pea, and Flower Branch, and Adelina; she stops in my cousins' doorway—my cousins who wooed her for one year, and they do not know what to do, what is happening; they gather up their knives and guns; they only want to murder the clouds, to kill this lonely, strangest night.

23

En Cerro del Árbol todos eran alegres y silenciosos y felices. Aquellos hombres y mujeres labraban la tierra, y hablaban una sola vez y como trinando. Por la primavera, de sus cabellos nacían hermosas violetas y unos huevecitos blancos, nacarados, livianísimos; de esos de los que, después, sale una paloma blanca que vuela en torno a la casa como una mariposa.

Recuerdo mi estadía entre aquellas gentes, aquellos dulces hombres y mujeres coronados de violetas, y cuyos hijos eran mariposas.

23

The people who lived in Tree Hill were all happy and quiet and filled with joy. Those men and women worked the earth; each uttered only one sound, as if chirping. In spring, beautiful violets and white, pearly, delicate eggs appeared in their hair; later, a white dove emerges from these eggs and flies around the house like a butterfly.

I remember my stay among those people, those sweet men and women crowned with violets, those people whose children were butterflies.

24

El batallón de las cañas se para justo detrás del manzano. Éste, con sus uvas, sus hongos, sus peines, sus caracoles de orilla rosada y diablejo de oscura jalea. Una comulgante –la sien apoyada en un tronco– dice su confesión, sin cesar andan nubes rosadas, doradas, celestes, de tul, de lloviznas, de humo; andan unas moscas ardientes, oscuras, de pocos pétalos, que acaso, sean sólo violetas. Sentada en las nubes, mi madre toma su taza de almíbar; me mira, me llama, me dice que mire, que vaya, que... no sé qué. No entiendo bien qué me dice. Es una tarde de otoño; sopla de lejos, un viento sagrado. No obstante, las cañas aprestan el paso y se van a la guerra.

24

The battalion of cane plants has stopped behind the apple tree. The tree, with its grapes, its mushrooms, its combs, its pink-shelled snails and dark-jellied devils. A communicant—her temple pressed to the tree—makes her confession, and the relentless clouds float: pink, gold, and blue, made of tulle, rain showers, smoke. The burning flies float above her, dark, few-petaled; perhaps they are merely violets. Seated in the clouds, my mother drinks her cup of syrup; she looks at me; she calls to me; she tells me to look at her, to go to her, to… I don't know what. I can't understand what she's saying. It's an autumn afternoon; from far away a sacred wind blows. Even so, the cane plants take their posts and go to war.

25

A veces, cae ese resplandor sobre los prados, pero, la luna está allá, sola, ajena, fija, como un ramo de jazmines. De súbito, una liebre abre las alas y cruza de este a oeste; entonces, por un segundo, los perros, alzan la sien. Estamos en el jardín, mi padre, mi madre, yo, las otras mujeres; y un murciélago acampa en el aire del techo, como un paracaidista venido de allá: –Este es Eugenio. O Rosa. O Juan. Uno de los que ya se fueron, pero que torna para decirnos que todavía existe o a reconocer la casa.

A veces, nos quedamos inmóviles, y somos nosotros los muertos que, resucitados por un instante, no quisiéramos ni pudiéramos comunicarnos, embebido cada uno en su desolación.

25

Sometimes, that splendor falls over the meadows, but the moon is there, alone, foreign, fixed like a cluster of jasmine. Suddenly, a hare spreads its wings and flies from east to west; then, for a second, the dogs lift their heads. We are all in the garden, my father, my mother, me, the other women; a bat camps out in the air around the roof, as if a parachutist had come from there: "He is Eugenio. Or Rose. Or Juan." One of those who left, but who comes back to tell us that he still exists or to visit the house once again.

At times, we find ourselves immobile; we ourselves are the corpses who, resurrected for a moment, neither can speak nor want to; each one of us is absorbed in our own desolation.

26

Como yo era una niña y había estado enferma, me dejaron por aquella cena en el jardín. De pronto, se encendió la luz, allá en el capullo de madera tenue que había albergado una fruta o una flor. Empecé a andar, helada de espanto y asombro. Me detuve a dos pasos. Entonces, vi resplandecer al hada; sus sayas, sus alas fluctuaban, de un segundo a otro cambiaban tenuemente, su cintura era finísima, su rostro iba desde el insecto al ángel; daba de continuo un zumbido esplendoroso; era como un gran perfume de diamelas que pudiera verse y oírse. Pude correr y avisar a los otros; pero, ellos hubieran venido y la hubieran cortado, apagado, quemado, la hubieran llevado allá, sujeto a una jarra, para que aletease y resplandeciese allá durante toda la noche, y los niños gritarían: "–Hemos amarrado a un hada!" "–Hemos dado caza a un hada!"

Me estuve inmóvil y muda. Y pasaron otras noches, y yo estuve inmóvil y muda. Y sólo ahora, a través de los años, me pregunto qué era en verdad, aquello que se presentaba así.

26

Since I was a child and had fallen ill, they left me alone to eat dinner in the garden. Suddenly, the light came on, there in the fragile wooden bud that had harbored a fruit or a flower. I began to walk, frozen with fear and shock. I stopped after two steps. Then, I saw the shining fairy; her skirts, her wings were fluttering, delicately transformed each second; her waist was tiny; her face was changing back and forth between an insect's face and an angel's; she kept giving off a splendid hum, like a great jasmine perfume that could be seen and heard. I could have run to tell the others, but they would have come and plucked her, put out her light, burnt her; they would have carried her off in a jar to watch her flutter and gleam throughout the night, and the children would cry out, "We've trapped a fairy!" "We've caught a fairy!"

I stood there, immobile and mute. Other nights went by, and I remained immobile and mute. And only now, years later, I ask myself what that really was, what really happened there.

27

Mientras la lluvia caía y el arvejal indefenso y gozoso se quemó, y aún después, mis padres hablaban del casamiento, y ya era al mediodía en el oscuro hogar y se asaban bajo la lámpara los lirios del almuerzo, y mi padre hablaba del novio y de su torre atrás de la montaña que nunca habíamos visto, y de su prado y de su invicto arvejal y de sus abejares. Y de súbito, él empezó a andar; tras la ventana sus astas largas, azules. Mis doce aniversarios se refugiaron temblando en el halda de mi madre; y de pronto, él entró; los ojos le brillaban demasiado, hablaba un raro idioma del que, sin embargo, entendíamos; palabras como hojas de tártago trozadas por el viento, hongos saliendo de la tierra; mi nombre sonaba en sus labios de una manera alarmante. Subí a las habitaciones y las criadas, entre los roperos, hablaron de la boda como de algo pavoroso.

Dos crepúsculos más tarde, llegó el notario, y puso mi nombre en el acta y el de él, y bajamos al jardín, y ya estaban las abuelas y las bisabuelas, y todos, y repartíamos el vino, y trajimos el instrumento extraño, el que tenía una sola cuerda y daba una sola palabra en un solo tono, y volvimos a beber vino, y las bisabuelas rezaban, y después el sol se cayó atrás de los montes. Entonces, él me miró, y yo veía su rostro fijo en mí, sus largos cuernos adornados con azahares.

27

While the rain fell and the joyful, defenseless pea plants burned, and even later, my parents were talking about the wedding, and it was already noon in that dark place, and the irises from lunch were roasting under the lamp, and my father was speaking of the groom and his tower that stood behind the mountain we had never seen, of his land and wild pea plants and beehives. And suddenly, the groom appeared at the window, his antlers long and blue. My trembling twelve-year-old self took shelter in my mother's skirts, and suddenly he came in, his eyes shining far too brightly. He spoke a strange language, but somehow we understood him; his words were like castor leaves blown by the wind, mushrooms coming out of the earth; my name sounded alarming on his lips. I went upstairs where the maids, between the closets, were talking about the wedding like some horrible thing.

Two twilights later, the notary came; he put both our names in the register, and we descended to the garden, where the grandmothers and great-grandmothers and all the people were waiting, and we poured the wine, and we brought out the strange, one-stringed instrument that produced only one word in one tone, and we drank more wine, and the great-grandmothers prayed, and then the sun set behind the mountains. And then, he looked at me, and I saw his face fixed on me, his long antlers adorned with orange blossoms.

28

Porque entre mi casa y la casa de mis abuelos, iban todos los prados, las nubes rosadas, las casetas de los quinteros, los sepulcros centelleantes; a menudo, una luz me seguía pero, yo cruzaba sola los prados. Por eso esa tarde, cuando el reloj dio las seis, y el gallo, de achira en las sienes, se metió en su dormitorio, y una voz dijo algo como "En el bosque han dejado olvidados un zapallo, una acuarela..." (las voces de la caída de la tarde), dije apenas "Adiós" e inicié el retorno. Las nubes rosadas se apagaban, los sepulcros resplandecían; la pareja de quinteros vino a mi encuentro; el hombre y la mujer como de barro, sus cabellos blancos, sequísimos; me tomaban la mano audazmente, me llevaban hacia abajo, hacia el prado que yo no sabía. Las víboras de agua, las pollas y los mimbres silbaban sin cesar. De súbito, aquella humanidad insólita, aquellos hombres y mujeres de pocos centímetros, al pie de sus casas de pocos centímetros, de sus llamaradas como cerillas, que preparaban guerras nocturnas, cazas y manjares; aquella humanidad increíble, diminuta y absurda: –Qué...?

El hombre y la mujer estaban sentados frente a frente, vigilantes y cínicos. No me cortaron el paso. La tarde ya había caído. Las plantas seguían mudas. Una que otra liebre cruzaba volando. Rompí a llorar.

28

Because the meadows moved, the pink clouds floated, the strange workers' huts and shining tombs went back and forth between my house and my grandparents' house; often, a light pursued me, but I crossed the meadows alone. And so, that evening when the clock struck six, the rooster, arrowroot at his temples, went to bed, and a voice said something like, "They've forgotten a squash, a watercolor…" (nightfall's voices), I said goodbye and started home. The pink clouds disappeared; the tombs were shining; a pair of workers came to meet me, a long-haired man and a woman whose hair looked like clay; they took my hand boldly and led me down to a place I did not know. The water snakes, hens and wicker plants whistled without ceasing. All of a sudden, that strange humanity, those men and women who were only a few centimeters tall, whose houses were only a few centimeters tall, whose torches were the size of matches; those people who were preparing for all the night battles, hunts, and feasts, that strange, absurd tiny humanity, "What…?"

The man and woman were seated face to face, vigilant and cynical. They did not stop me. Night had fallen; the plants were mute. Hare after hare went flying through the sky. I broke down and cried.

29

Las flores de zapallo corren por el aire y por la tierra como una enredadera de bengalas; mi madre las siega, las pone en el cesto; de pronto, se estremece, queda inmóvil; pero, huye hacia la casa; y pronto un aroma a óleo y a almuerzo recorre la casa. Estoy sentada en el comedor, trazo mis deberes –tendré que cruzar el campo, que ir a la escuela–, los platitos y las tacitas, en línea, como calaveras de nenas recién nacidas. Surge un diablo; se para a mi lado. Mi madre –desde allá– nota que hay algo extraño entre las paredes; acude; él se oculta; ella va hacía el jardín, dice algo por disimular; luego, arriesga: "–Creo que aquellos están otra vez; hoy vi uno en el zapallar."

Yo nada digo; ella vuelve a su fuego y a sus flores. Él surge de nuevo, se para a mi lado –es oscuro, hermoso, alto casi como un hombre–; me mira, me dice que me quiere, que va a ir conmigo por el campo.

29

The squash blossoms fly through the air and creep along the ground like a tangle of sparklers; my mother picks them, puts them in her basket; suddenly, she shudders; she freezes; then, she runs back toward the house, and soon the aroma of oils and lunch is drifting through the rooms. I am seated in the dining room, thinking of what I have to do—to cross the field, go to school—the little plates and cups, in line, like the skulls of newborn girls. A devil appears; he stops at my side. My mother—from over there—notes that there is something strange between the walls; she comes, he hides, she goes toward the garden and says something to fool him; then, she dares to say, "I believe that they're here again; today I saw one in the squash field."

I say nothing; she goes back to her fire and her flowers. He comes back again, stops at my side—he is dark, beautiful, almost as tall as a man. He looks at me; he tells me he loves me, that he wants to go off with me throughout the land.

30

Las peras
como de nácar y de mármol y de llamas,
como peces que hubieran siempre vivido en una nube,
vestidas por un tul,
una gasa,
una piel de tul.
Y se mueren
el domingo de otoño, las tardes, las violetas,
los viejos las recogen para hacer licor o té.
Las peras humean adentro del rocío,
se les caen estampitas, estampillas,
a veces, una medalla con un rubí.

30

The pears
as if of pearl and marble and flames
like fish that have always lived in a cloud
dressed up in tulle
gauze
a skin of tulle.
And they die
one autumn Sunday, the evenings, the violets,
the old men pick them for liquor or tea.
The pears steam up with dew
they drop little stamps, big stamps
and sometimes, a ruby medallion.

31

Este melón es una rosa,
éste perfuma como una rosa,
adentro debe tener un ángel
con el corazón y la cintura siempre en llamas.
Este es un santo,
vuelve de oro y de perfume
todo lo que toca;
posee todas las virtudes, ningún defecto.
Yo le rezo,
después lo voy a festejar en un poema.
Ahora, sólo digo lo que él es:
un relámpago,
un perfume,
el hijo varón de las rosas.

31

This melon is a rose,
this one smells like a rose,
surely it bears an angel inside
with its heart and waist in constant flame.
This is a saint,
transforming all it touches
into perfume and gold;
it is full of virtue, flawless.
I pray to it,
and later I shall celebrate it in a poem.
But for now, I can only say what it is:
a flash of lightning,
a whiff of perfume,
the boy child of the roses.

32

Las papas se deforman monstruosamente debajo de la tierra; echan una bala de jacinto, de narciso; hay tantas azucenas, licoreras. Esta es la noche; de las viejas chimeneas no sale nadie; tal vez todos duermen; pero, viene el barullo de las arvejas acomodándose en el estuche. Anda un niño, no es de mi casa, no es de ningún vecino, parece un viejo, se oculta en un tronco; anda una vieja, trenza sus rizos, pica en la hierba, yo no la conozco, nadie la conocería. Y aquella pareja se arriesga por el camino. Están sacando un carro de debajo de la tierra, le uncen un buey. Me acerco a ésos que terminan un contrato; no conozco sus signos; me miran apenas, menos que si fuera una mariposa. Y esa cuadrilla de niños, de gorros picudos, para defenderse del fuego lunar, que pica en los surcos. Hay muchos que siembran, que cosechan. Todo el campo se ha colmado de estas gentes remotas. Pero, ¿de dónde salieron? Si mi padre supiera que, de noche, su campo es de otros.

32

The potatoes become monstrously deformed under the earth; they shoot out bullets of hyacinth, narcissus; there are so many lilies, decanters. It's nighttime; no one is coming out of the old chimneys; perhaps they all are asleep; but then there comes the noise of peas being put into cases. A child is walking past; he is not from my household; he is not a neighbor; he looks like an old man, hiding behind a tree trunk. An old woman walks by, braiding her curls, mincing the grass with her feet; I do not know her, no one knows her. And those two are risking their lives on this road. They are digging a cart up from under the earth; they yoke an ox to it. I come a bit closer as they sign their contract; I do not understand their signals; they hardly look at me, they ignore me as if I were just a butterfly. And that gang of children with the pointed hats, so many of them reaping and sowing, defending themselves from that lunar fire, raging in the furrows. The whole countryside abounds with these faraway people. But where did they come from? If my father only knew that at night his land belongs to others.

33

De súbito acuciada por mi casa, estalló la guerra. Pasaban volando carros cargados de pastoras. La primavera, asustada, daba vuelcos. Y por el jardín, un caballo, alto, negro, que parecía ya muerto, la abstracción de los caballos, iba y venía, con una diadema de rubíes bien ceñida, que centelleaba con el sol y en el rocío; y una voz dijo: "Esa es la guerra"; y nosotras lo mirábamos asombradas.

Todas las praderas se enfrentaron —murieron muchos pastores y corderos—, cambiaban cadáveres sembrados de flores. Y a la tarde, cuando a lo lejos, los árboles se vuelven alhelíes, se oía el clarín de guerra, la trompa de guerra, anunciando reposo; pero, casi siempre, en la sombra, la lucha proseguía. Teníamos que huir a los prados clausurados, a las habitaciones selladas, a los escondrijos. Levantábamos la frente con miedo espiando al aire y al cielo; y había señas fatales, estrellas con cauda; y entre las telarañas se repetían estrellitas con cauda; y había lunas casi al alcance de la mano. A veces, pasaba un águila con una rama de laurel en el pico.

Hasta que al fin triunfó mi casa. Mi hermana ascendió al trono. Recuerdo el día de la coronación. Llegaron delegados de todas las praderas; traían corderos y miel y lavanda.

Recuerdo la noche de la coronación. A mi hermana y a su belleza; la corona de rosas que ciñó. Aquella gran bacanal entre las hierbas.

33

All of a sudden, at the urging of my household, war broke out. Wagons filled with shepherdesses came in flying. The springtime, frightened, was spinning. And in the garden one tall, black horse—he looked like he was dead, the abstraction of a horse—ran back and forth with a crown of rubies fixed tightly on his head, shining in the sun and the dew, and a voice cried out, "This is war." And we—the women—stared at him in shock.

All the meadows faced each other—many shepherds and lambs died—they turned into corpses covered with flowers. At nightfall when the distant trees became wallflowers, we could hear the war clarion, the war trumpet calling for a ceasefire, but almost always, the war went on in the shadows. We fled to the distant, closed-off pastures, the sealed-off rooms, our hide-outs. We lifted our foreheads fearfully, staring at the air and the sky, where we saw terrible omens, long-tailed stars, and among the cobwebs more long-tailed stars, and moons almost within arm's reach. Occasionally, an eagle flew by with a laurel branch in its beak.

In the end my house emerged triumphant, and my sister climbed up to the throne. I remember the day of her coronation. Delegations arrived from every meadow; they bore lambs and honey and lavender.

I remember the night of her coronation. My sister in her beauty; the crown of roses she wore. That great bacchanal among the grasses.

34

Al finalizar aquel mes, no sé por qué, empezaba la matanza de liebres. Los amos de los huertos ponían las tazas y las balas. También era la fiesta en la escuela. Iban los carricoches bajo la luna, los naranjales, y las ciruelas ya estaban redondas, oscuras, negras, sobre las que acomodaba el rocío su pelusa de oro. Para entrar al salón había que inclinarse entre las enredaderas; la maestra saludaba a todos; la tómbola giraba sin cesar pegando a la suerte; había niños desconocidos y mujeres de otro valle. Mucho después los niños se dormían. En un gran plato, en mitad de la sala posaban una liebre, ligeramente confitada bajo un vidrio de azúcar y café; nos emocionábamos; era partida, devorada. El baile estremecía apenas el cielo. Después, las despedidas, absurdamente largas. Y los rebozos y las botas partían hacia todos los rumbos. Entre todos los caminos, nuestro carricoche elegía el único. Y la muerte, que duerme despierta, mirando, las largas orejas, los grandes ojos, fijos.

34

At the end of that month, I don't know why, the killing of hares began. The lords of the land prepared their cups and bullets. There was also a party at school. The caravans were driving on beneath the moon, the orange trees; the plums were already round, dark, black, adorned in the dew's golden fringe.

In order to enter the classroom you had to stoop down among the vines; the teacher greeted everyone; the tombola spun and spun with a lucky landing every time; there were unknown women and children from the other valley. Much later, the children fell asleep. In the center of the room, the hare was served on a big plate; it was candied, delicately preserved beneath a glass case of coffee and sugar; we split it open and gulped it down with a thrill. Our dancing shook the sky a little. And then, the absurdly long goodbyes. And the shawls and boots went off in all directions. From among all possible roads, our caravan chose the right one. And death, who sleeps awake, watching with his long ears, his big, fixed eyes.

35

Cuando nacían las violetas mi madre se alborozaba; era cuando las dos éramos niñas allá en la vieja casa, y nada podía destruir nuestra frenética amistad. Cuando nacían las violetas, mi madre sollozaba; detenía a todos los relojes, para encender el de la música. Enviaba mensajes a las vecinas, a las amigas: "Ellas nacieron", las convocaba. Y a la tarde, nos reuníamos en el jardín, en torno a las flores. Las amigas de mi madre venían desde la Belleza; tal era su gracia; usaban vestidos de papel de seda y sombreros llenos de pájaros; un churrinche, un cuervo, dos o tres mariposas. Mi madre servía té, agudo, perfumado, y vino igual, y hablaba sólo de las violetas. Brindando por ellas, chocábamos las tazas (las tacitas de porcelana son de música). Mi madre hablaba sólo de las violetas; y en su honor; inventaba cuentos, poemas, himnos, otra vez, poemas. Ellas escondían la cabecita azul debajo del ala.

35

When the violets were born, my mother rejoiced; it was the time when the two of us were children in the old house, and nothing could ruin our frenetic friendship. When the violets were born, my mother sobbed; she stopped all the clocks in order to turn on the musical one. She sent messages to all our neighbors, her friends: "They're here," she announced.

In the afternoon we gathered in the garden around the flowers. My mother's friends came from Beauty, such was their grace; they wore dresses of silken paper and hats filled with birds—a cardinal, a raven, two or three butterflies. My mother served tea, pungent, perfumed, along with wine, and she spoke of nothing but the violets. And then we raised a toast to them; we clinked our cups (small porcelain cups are made of music). My mother spoke of nothing but the violets, and she wrote stories, poems, hymns, more poems in their honor. And they hid their blue heads under their wings.

36

Es el viejo Rosa de los bosques. Mi madre lo contrata para mataliebres, espantapájaros, para que libre a nuestro huerto de todo mal, a los rosales, a los zapallos que, de tan niños, parecen pomas, a las calabazas que aún semejan peras, a las cebollas de plata, de gasa, a la sandía y su oculto hielo de colores. Él lo ha dicho: —"Soy Rosa de los bosques". Sí, tal vez, antes vendía semillas y retratos al pie de las grandes casas de los huertos; ahora, sé a qué ha venido, qué hará, cuál es su intención. Por disimular le digo: —No quiero que mate una liebre, ni una paloma. Él me replica: —Tu madre lo ordena.

Y me mira las cejas, los ojos, las sienes, me mira las trenzas.

Y mi corazón se quedó como las naranjas de invierno, cuajado y parado. Me vino el delirio, me pusieron en el gran lecho, velaban por mí. A veces, yo me levantaba, recorría las habitaciones, volvía a caer en el lecho. Y siempre soñando a aquel Rosa, ya vuelto gigante, que bebía todas las hierbas, las setas, las pollas, y sobre todo, llevaba siempre fijo, aquel otro designio. Hasta que al fin se levó la cosecha; los carros marcharon al pueblo cargados de joyas —esas alhajas que arrojan las plantas. Y el viejo se fue.

Al través de la fiebre, mi madre me lo comunicó: —El viejo Rosa se fue!...

Y yo casi desde el umbral de la muerte, volví apenas. Mi cara parecía la de una mariposa. Las mariposas y las muñecas eran más fuertes. Se encendió la luna. Mi madre, ya desentendida de mí, reía en el corazón de la casa, con las vecinas, y las amigas y con su madre. Y así yo estaba sola en mitad de la luna y el viejo volvió.

36

It's the old man Rose of the forests. My mother hires him for hare-killing, bird-scaring, for ridding our land of everything bad, for protecting our roses, our squashes, as tiny and childlike as apples; our pumpkins, still as small as pears; the silver gauzed onions; the watermelon with its hidden, colorful ice. He has said it: "I am Rose of the Forests." Yes, perhaps in the past he sold seeds and portraits at the foot of the orchard's great houses; now, I know why he has come, what he will do, what his intention is. In order to hide my knowledge I say, "I don't want you to kill one hare, not one dove." He replies: "Your mother has ordered it."

And he looks at my eyebrows, my eyes, my temples; he looks at my braids.

And my heart remained like winter oranges, curdled and frozen; I became delirious; they put me in the big bed and watched over me. At times I got up, paced through the rooms, fell back into bed. And I always dreamed of that Rose, now a giant, who drank all the herbs, the mushrooms, the hens, and above all, who had some other scheme fixed in his mind…until at last the harvest was measured; the carts went out to the village, filled with jewels, those gems thrown out by the plants. And the old man left.

Through my fever I heard my mother tell me: "The old man Rose has gone."

And I barely returned from the threshold of death. My face looked like that of a butterfly. The butterflies and dolls were stronger. The moon lit up. My mother, no longer attentive to me, was back in the heart of the house, laughing with the neighbors, her friends, her mother. And so I was alone in the moonlight, and the old man came back.

37

Cuando todavía se realizaban la veladas en el castillo, y los esclavos a la medianoche posaban el faisán sobre la mesa, y éste encendía todas sus luces, sus plumitas, sus posibilidades, coqueteando con ese drama postrer, con ese delicado carnaval de su muerte. Creo que entonces, Ronald creía que yo estaba enamorada de él; pienso que entonces, Iracema pensaba que yo estaba enamorado de ella. Otro era el objeto de mi amor. Allí cerca, intocada, aquella copa. Oh, su pie de cristal y su cintura. Era azul, como si el humo de una vieja pasión la impregnase; ligeramente crespa, como si el viento de la medianoche la empolvara. Parecía una glicina, un ramo de lilas, de violetas; pero, nada tan alto como ella, tan esbelto. Era azul y me invocaba a las rosadas bromelias de no sé qué seto, qué jardín; parecía un jacinto coronado de violetas, de humo, de alcohol. No tenía perfume, y me traía uno, único; no tenía nombre y yo le decía "Amelia" y "Aurelia" y "Arac7". Era como el esqueleto de un pájaro, la mano de una monja, de una reina, los huesos de un vals.

37

When the evening feasts were still going on in the castle, and at midnight the slaves would place the pheasant on the table, and it gleamed with all its lights, its feathers, its possibilities, flirting with that final drama, that gentle carnival of its death. I think that Ronald then believed I was in love with him; I think that Iracema then thought I was in love with her. Something else was the object of my love. There, close by, untouched, that cup. Oh, that crystal foot, that waist. It was blue, as if the smoke of some old passion had impregnated it, slightly obscure, as if the midnight wind had coated it with dust. It looked like wisteria, a branch of lilacs, violets. But there was nothing else quite as tall, as thin. It was blue and it reminded me of pink bromeliads from I don't know what hedge, what garden, it looked like a hyacinth crowned with violets, with smoke, with alcohol. I had no perfume, so it brought me one, so unique; it had no name, so I called it "Amelia" and "Aurelia" and "Aracı." She was like a bird's skeleton, the hand of a nun, of a queen, the bones of a waltz.

38

Han puesto aparadores en el aire; están vendiendo duraznos de la última cosecha; azules, rosados; adentro, en vez de hueso, tienen un santo, de oro, diminuto, casi vivo, casi verdadero. Mi madre bajo el manto se santigua. Junta los peces y los panes; los reparte. Los peces. Esos viejos seres, secos, puros, los antiguos animales con coronitas de perlas y velo blanco. Las pandorgas rasgan las nubes, como gallinas vaporosas; sus alas rugen como flecos; a veces, se precipitan a tierra, en un instante, y ponen un huevo dulce, que es sólo una cáscara sembrada de almendras y de flores. Y ya es la Pascua.

38

They've put shelves in the air; they're selling the peaches—blue, pink—from the last harvest; inside each, instead of a pit, there is a golden saint, tiny, almost alive, almost real.

Beneath her cloak, my mother blesses herself; she gathers the fishes and loaves, divides them up. The fish. Those old beings: dry, pure, ancient animals with white veils and little pearl crowns. The kites scrape at the clouds like vaporous hens; their wings roar like fringe; at times they throw themselves down to the earth, and in an instant lay a sweet egg, just a shell sown with almonds and flowers. And now it is Easter.

39

Llueve.

Sobre el jardín cae la lluvia. Mi madre tiene visitas. Yo estoy entre estas otras cuatro paredes. Llueve. Tendría que leer a Edgar Poe y a Dylan Thomas —"el día de mi cumpleaños empezó con pájaros en el agua"—, y a Edgar Poe y al más inmemorial de mis años. Pero, estoy quieta. Llueve. Sobre ese aparador corren las ratas. Oigo su siseo, más próximo que el de la lluvia, en torno a las masitas, a las caricaturas dulces, a las Auxiliadoras de bombón.

A lo lejos mi madre habla de guerras y amoríos bien y mal hay otras gentes.

Yo nací sola. Tengo esta copa de caña y este arco iris, por ahora.

39

It is raining.

The rain is falling in the garden. My mother has visitors. I sit between these other four walls. It is raining. I should read Edgar Allan Poe and Dylan Thomas: "My birthday began with birds in the water," and Edgar Allan Poe and the most timeless of my years. But I am still. It is raining. The mice are scampering in the cupboard. I hear their hissing, closer to that of the rain, around the dough, cartoon candies, Virgin Mary bonbons.

In the distance my mother speaks of wars and romances, good and evil, other people are there.

I was born alone. I have this cup of rum and this rainbow, for now.

40

Allí, en medio del plato, el pez parece una novia —oh, su carne casta, blanca, quieta, y su corazón. Cerca las copas cargadas de vino. Y él en mitad de la mesa, con su coronita de perlas y sus tules blancos. También están todas las luces, todos las cirios. Cae arroz del cielo. Suben deseos de felicidad.

40

There in the center of the plate, the fish looks like a bride—oh, her chaste flesh, white, calm, and her heart. The cups nearby filled with wine. And the fish in the center of the table, with his crown of pearls and white tulle. And all the lights, all the votives. Rice falls from the ceiling. The best of wishes rise.

41

En mitad del zapallo están los damascos y los melones y los duraznos —oh, esa frescura dorada. La infancia retorna a toda campánula. Y ya está la abuela; revive entre las sábanas y las chimeneas; oh bruja Rosa dulcísima, transforma a la calabaza en cubitos de vidrio, de amor y de miel; me llama por una sola palabra que yo bien recuerdo, y yo acudo. Todo un aroma, un estado de gracia, un estado-canela, un milagro, sobre un platito de porcelana, con sólo oír que dicen "zapallo", me vuelve a la sien.

41

In the middle of the squash there are plums and melons and peaches—oh, that golden freshness. Childhood returns, ringing with all its bluebells. And there is my grandmother; she lives again among the sheets and chimneys; oh sweetest Rose-witch; she transforms the squash into cubes of glass, love and honey; she calls me with a single word that I remember well, and I come. All is aroma, a state of grace, a cinnamon-state, a miracle on a single porcelain plate, a miracle that, at the simple word "squash," my temples throb again.

42

Voy a saltar ese tronco tendido en el agua, hacia el otro paisaje. Ahora, que caen ramos de rosas sobre las hierbas, los árboles, y grandes resplandores dorados, morados, sobresaltan las cosas, me voy hacia allá, adonde hace años marcharon aquellos parientes, llevando sus niños (que ahora, digo, ¿estarán como yo tan altos y amargos?); adonde marchó hace tiempo la abuela, de donde no quiere venir. A ella, a veces, veo, levantarse en el alba de entre las flores, correr detrás de las pollas salvajes, de las amapolas que corren abriendo sus rojas alitas, ayudar a las garzas a peinarse esa trenza hacia arriba, rígida y lacia; pero, a mí ni me mira.
Así que ahora que es otoño, y que nadie lo sabe, voy a saltar ese paso, esa angosta vereda, me voy de visita al otro país.

Abuela

Desde que te fuiste
siento que me llaman desde el trasmundo.
Sé que prendes lamparillas para mí
y haces rodar planetas silenciosos
por las casuarinas.
Anoche me desveló tu cabellera
golpeándome en la cara
como un viento largo,
liquen gigante, musgo crecido, lluvia de algas,
y me cché a ambular
por las habitaciones donde tú andabas,
tras de tu menudo azúcar fragante,
tu sabor de higos.
Yo no sé
hacia qué aire mirar, hacia qué cementerio;
lejos, en el campo, veo amarillear tu nombre,
cerca, entre las altas yerbas azules,
sé que un gran corazón ha partido su almendrario

42

    I'm going to jump over that log lying in the water, over to that other land. Now that bunches of roses are falling over the grass, the trees, and great, golden, purple light shines on everything, I'm going over there, to the place where those ancestors traveled years ago, carrying their children (and now, I wonder, are they like me so tall and bitter?), to the place where my grandmother went long ago, the place she doesn't want to come back from. Sometimes I see her, rising at dawn from among the flowers, running behind the wild hens, the poppies that run while opening their tiny red wings, helping the herons comb their braids, tight and drooping. But she does not even look at me.

    And now that it's autumn, and no one knows, I'm going to make that leap, off down the narrow path. I'm going to visit the other land.

Grandmother

Since you left
I hear them calling me from the other world.
I know that you light little lamps for me
and make the silent planets roll
through the pines.
Last night your hair woke me up
hitting me in the face
like a fierce wind
gigantic lichen, thick moss, algae rain.
And I began to wander
through the rooms where you once walked,
following your slight, fragrant sugar,
your fig flavor.
I don't know
toward what wind I should look, what cemetery;
far away, in the field, I see your name turning yellow,
nearby, among the tall blue grass
I know that a great heart has divided your almonds

y acuden pájaros ansiosos,
entre las altas yerbas, oh, muerta deliciosa,
te descompones en siete aromas, en siete colores,
voy a probar de ti.
Cadáver errante,
vas con las lejanas espigas mirando el cielo
y estremeces levemente las caderas
cuando llegan a poseerte los diablos del campo
y se caen higos de tus senos entreabiertos
y multiplicas moscas de alabastro;
y para mis secretas navidades
envías mariposas con extraños sellos,
mariposas fechadas en la muerte,
y postales ricas, espesas, casi comestibles,
con gusto a almendra,
postales que yo muerdo.
Yo no sé qué tierra mirar,
hacia qué aire,
pero conozco el sabor de tus huesos.
Dios, para entretenerse, te entrega sus cabras
de largas cabelleras azules,
y te envuelve en su propia cabellera,
larga y celeste y perfumada,
todo de glicinas.
Y tú te regocijas en Dios,
pero, no te olvidas de mí, y me nombras, y me sigues queriendo más que
    a nadie,
y en cierto modo me llevas allá
y juegas conmigo como con una muñeca.
Anoche te seguía por las oscuras habitaciones,
y vi que te desnudabas;
en la esquina de los roperos y las cómodas,
vi que te cambiabas de alas y de flores.
Sellas lo que yo pruebo,
reconozco tu azúcar,

and anxious birds come
among the tall grass, oh, tasty dead woman,
you decompose in seven smells, in seven colors
I am going to taste you.
Wandering cadaver,
you fly with the far-off spikes watching the sky.
and you sway your hips gently
when the country devils come to possess you
and figs fall down from your half-bared breasts
and you multiply alabaster flies,
and for my secret nativities
you send butterflies with strange stamps
butterflies dated in death
and rich postcards, thick, almost edible,
postcards with a taste of almond
postcards I bite into.
I don't know what earth to look at,
toward what wind,
but I know the taste of your bones.
God, entertaining himself, offers you his goats
with their hair so long and azure
and he enfolds you in your own hair
long and sky blue and perfumed,
everything made of wisteria.
And you rejoice in God,
but you do not forget me, and you whisper my name, and you keep on
    loving me more than anyone,
and in a certain way you take me there
and play with me as if I were a doll.
Last night I followed you through the dark rooms
and I saw that you were undressing
in the corner between the closets and chests.
I saw you becoming flowers and wings.
You seal the stamp that I taste,
I recognize your sugar,

me miran desde el agua
tus ojos de higo, de manzana.
Retrato errante,
furtiva gacela, te vas,
y vuelves, gacela inexorable,
a buscar tu cena,
tu ración de jazmines.
Alta madre,
vieja novia,
abuela, abuela,
has inaugurado mi nombre,
hondo,
lejos,
en un paisaje de huesos y planetas.

El ángel

Mi ángel ángel,
mi ángel mío,
ángel de los dulces y de la yerba,
ángel de los aparadores,
¿qué decirte
que tú ya no sepas?
Antes que las magnolias y que los hombres
ya ardían tu cara celeste,
tu cabello rubio,
tu oscuro cabello
y tu sencilla corona de fresas.
Mi ángel de los viñedos y de las rosas,
ángel de la prima y de la hermana
y de los abuelos,
con tus finas ramas desplegadas,
todo llenas de florecitas azules
y de panales rojos,

your eyes of fig and apple
stare out at me from the water.
Wandering portrait,
furtive gazelle, you leave
and return, inexorable gazelle,
you seek your meal,
your ration of jasmine.
Tall mother,
old bride,
grandmother, grandmother,
you have written my name,
deep,
distant,
in a landscape of bones and planets.

The Angel

My angel angel,
my angel of mine,
angel of my sweets and herbs,
angel of the cupboards,
what can I tell you
that you don't already know?
Before there were men and magnolias
your heavenly face,
your blonde hair,
your dark hair,
your simple crown of strawberries were already burning.
My angel of vineyards and roses,
angel of my cousin and sister
and my grandparents,
with your delicate unfurled branches
all full of little blue flowers
and red honeycombs,

mi rosal y mi romero.
Huésped de los tulipanes y de las lámparas,
mi camarada transparente,
mi amado y mi amada,
mi hombre de miel,
y mi muchacha
de la cintura cimbreante
y el corazón de colmena.
Tu pelo era como un río de margaritas,
tu pelo era una rama de viejos higos
ásperos y negros y deliciosos,
mi ángel rubio, mi ángel moreno,
guardián de los limones y de las salas,
guardián de las chimeneas y de los linderos.
Mi felicidad estaba en las abejas
y en los piñones
y en los menudos monstruos
que, para mí, cazabas.
Ángel sobre los lirios, sobre los vinos,
sobre la carreta de las aceitunas,
rumor de pájaro en lo que yo bebía,
pequeño dios, vara de fuego
sobre los lirios y sobre la uva.
Tú, mi blanco pastor,
y yo, tu cordero,
y así íbamos a las fiestas
entre las campanas y las almendras.
Pequeño querube,
pequeña nube,
presencia de plata,
sobre los centros,
y las labores
y las miradas.
El día de mis trece años,
me enamoré de ti,

my rosebush and my rosemary.
Guest of the tulips and the lamps,
my transparent companion,
beloved man and woman,
my man made of honey
and my girl
with the swaying waist
and beehive heart.
Your hair was like a river of daisies,
your hair was a branch of old figs,
coarse and black and delicious,
my blonde-haired angel, dark-haired angel,
guardian of lemons and living rooms,
guardian of chimneys and borders.
I rejoiced in the bees
and the pine cones
and the tiny monsters
that you caught for me.
Angel over lilies, over the wines,
over the cart filled with olives,
the bird's murmur in all that I drank,
little god, stem of fire
above the lilies and over the grape.
You, my white shepherd
and I, your lamb,
together we went to the parties
among the almonds and the bells.
Little cherub,
little cloud,
silver presence
over the centers
and the toils
and the gazes.
On my thirteenth birthday,
I fell in love with you,

ángel como mi madre,
como mi hermana,
como mi abuela,
me enamoré de ti,
de tus altas alas
y de los piñones de tu corazón.
Mi ángel ángel,
mi país y mi ángel,
mi ánfora y mi estrella,
compañero de porcelana,
reloj de miel,
te has quedado lejos,
te has ido lejos,
allá posado,
allá perdido,
allá volado,
sobre las torres de mi niñez.

angel like my mother,
my sister
my grandmother.
I fell in love with you,
with your big, tall wings
and the pine cones of your heart.
My angel angel,
my land and my angel,
my amphora and my star,
porcelain companion,
honey clock
how far you've stayed,
how far you've gone,
now landed,
now lost,
now flown away,
over my childhood's towers.

The War of the Orchards

La guerra de los huertos

[1971]

1

Ahora, estamos otra vez, en el interior de la casa; miro los gozosos muebles. Papá dice que, por algunos meses, la guerra sólo será una suave guerrilla; se oyen rumores en el horizonte; día a día, choques, que no producen ni producirán ningún muerto. Mi pavor disminuye. Además, aquéllos han prometido ayudarle. La subgente aderezará para él, cazos de hierro, de cerámica, y la gran carroza guerrera, donde un día, el del encuentro final, él desfile como el gran duque de las hierbas. Y así me entero, que, lo que está en juego, también, es la corona de los huertos.

Recorro los muebles, las dulceras, tan bellas, colmadas y vacías, color oro, color rosa.

Casi nunca, vienen visitas a casa. Hoy, unos amigos del norte, de la zona de alianza. Están en el jardín, con la abuela, mamá y el fijo abuelo; se habla de la guerra, se miente un poco. Se les invita con miel. Somos colmeneros. Esta miel parece higo, parece azahar; y tiene un fulgor increíble. Pero, las mariposas y los pájaros se ilusionan, creen que la mesa está puesta para ellos, e intervienen en la conversación, la interrumpen, se paran en el borde de los vasos, hay que dejarles; luego, se marean, y algunos no pueden irse; borrachos y radiantes, giran allí, se fosilizan, se abrillantan, crean su propia órbita, sus anillos. Tenemos algunas constelaciones en el jardín.

1

Now, once again we're inside the house; I'm looking at the joyful furniture. Papa says that for a few months the war will just be light guerrilla fighting; there are sounds on the horizon every day, clashes, that do not and will not cause any deaths. My fears diminish. Also, those fighters have promised to help him. The underlings will get everything ready for him, iron cauldrons, ceramic cauldrons, the great warrior's chariot, where one day, the day of the final encounter, he will ride past like the great duke of the grasses. And so I find out that what's at stake here, also, is the crown of the orchards.

I look over the furniture, the syrup jars, so beautiful, some filled and others empty, gold ones, pink ones.

Visitors hardly ever come to our house. Today, some friends from the North, from the allied territory. They're in the garden with Grandmother, Mama and stone-faced Grandfather; there is talk of the war, a bit of lying. We share some honey. We're beekeepers. This honey seems like figs, orange blossoms, incredible glow. But the butterflies and birds have false hopes; they think the table has been set for them, and so they break into the conversation, interrupt it, land on the rims of the glasses, we have to let them do it; later, they get dizzy and some are unable to fly away; drunk and radiant, they whirl about, become fossilized, shine; they create their own orbit, their own rings. We have some constellations in our garden.

2

En el aire oscuro empieza a brillar la abuela, que siempre me amó; me peina, me sirve café, dulce de zapallo, (como vidrio de oro donde vi por vez primera su imagen, el ámbito donde despliega toda su vida, el panal que se construye). Me alcanza el vestido, la capota, carga mis libros, va delante de mí, separa las ramas, ahuyenta a las pequeñas vacas que quisieran matarme, quiebra a los bichos del rocío –ellos desaparecen y aparecen enseguida. Pero, cuando sale el sol y brilla la corona de los campos, se aleja; allá, entre las matas, alguien pasa; la carretera roja y la escuela. Siempre anduve sola. Sin embargo, entablo un mudo diálogo con la maestra. Pero, la mitad de los niños ya ha huído; también los colegios están rasgados. Esta maestra es nueva, apenas mayor; la de la otra sala, vieja como el polvo.

Cuando huye la mañana y salgo, el sol desfigura los campos, cambia los caminos. Por todas partes, los coliflores y sus canastas de mármol, de espuma, los ajos en papel suave, las violetas. Y unas moscas de oro puro, una angustiosa miel.

2

In the dark air Grandmother starts to shine, she who always loved me; she combs my hair, serves me coffee, candied squash (like the golden glass where I first saw her image, the area where her whole life unfolds, the honeycomb is forming). She reaches for my dress, my bonnet, picks up my books and walks ahead of me, pushes branches aside, scares away the little cows that would kill me if they could, breaks the dew bugs—they keep appearing and disappearing. But when the sun comes out and the crown of the fields starts shining, she draws back; there, among the bushes, someone is passing by; the red road and the school. I always walked alone. Even so, I begin a muted conversation with my teacher. But half the children have already run away; even the schools have been torn. This teacher is new, hardly older than me; the one in the other classroom, old as dust.

When the morning flees and I step out, the sun disfigures the fields. Wherever I look, I see cauliflowers and their marble, foamy baskets, garlic in light paper, violets. And some flies of pure gold, an anguished honey.

3

Se oye el tun-tun de las papas abajo de la tierra; al excavarlas, todas tienen dentadura, melena, muestran la cara guerrera. Es de noche, y yo ando por el aguazal, el pastizal, que bien pueden ser el pretexto de la guerra, esa tierra de nadie, por donde vagan unas vacas con cuernos de palo; por donde pasa una luna con cara de caballo. El norte pelea con el este, el sur con el oeste; ahora, son enemigos, los que, hasta ayer, eran amigos. También vi pasar pastores con las capotas militares cargadas de rosas.

Los animales de guerra son extraños; mi padre sacó a relucir sus propios caballos; uno, sobre todo, es altísimo, parece la Noche, parece de bronce; se pasea por el jardín como un hombre; a veces, le dan vino, delicados pasteles.

3

I can hear the tun-tun of the potatoes under the earth; digging them up, I see that they all have dentures, long hair, and they put on a warrior's face. It's nighttime, and I walk through the swamp, the pasture, which might well be a pretext for war, this no man's land, where cows roam with their stick-antlers, where the moon floats by with its horse face. The North is fighting against the East, the South against the West; now, they are enemies—those who yesterday were friends. I also saw some shepherds ride past in their military hoods loaded with roses.

The animals used in war are strange; my father brought his own horses out to show them off; one, more than anything, is extremely tall; he looks like the Night, like bronze; he struts through the garden like a man; sometimes, they give him wine, delicate cakes.

4

Anoche, volvió, otra vez, La Sombra; aunque ya, habían pasado cien años, bien la reconocimos. Pasó el jardín de violetas, el dormitorio, la cocina; rodeó las dulceras, los platos blancos como huesos, las dulceras con olor a rosa, tornó al dormitorio, interrumpió el amor, los abrazos; los que estaban despiertos, quedaron con los ojos fijos; los que soñaban, igual la vieron. El espejo donde se miró o no se miró, cayó trizado. Parecía que quería matar a alguno. Pero, salió al jardín. Giraba, cavaba, en el mismo sitio, como si debajo estuviese enterrado un muerto. La pobre vaca, que pastaba cerca de las violetas, enloqueció, gemía como una mujer o como un lobo. Pero, La Sombra se fue volando, se fue hacia el sur. Volverá dentro de un siglo.

4

Last night, it came back again, the Shadow; even though one hundred years had passed, we recognized it immediately. It floated past the garden of violets, the bedroom, the kitchen; it circled around the syrup jars, the plates white as bones, the syrup jars that smelled like roses; it went back to the bedroom, interrupted lovemaking, embraces; those who were awake lay with fixed eyes; those who were sleeping still saw it. The mirror in which it either saw itself or didn't see itself collapsed and shattered. It seemed like it wanted to kill someone. But then it floated out to the garden. It was spinning, digging in the same spot, as if there were a corpse buried beneath. The poor cow, grazing close to the violets, went crazy; she groaned like a woman or like a wolf. But the Shadow took off flying, off toward the South. It will return within a century.

5

De súbito, estalló la guerra. Como una bomba de azúcar arriba de las calas. Primero, creíamos que era juego; después, vimos que la cosa era siniestra. El aire quedó ligeramente envenenado. Descendieron los murciélagos desde sus escondites, sus cuevas ocultas; caían a los platos como rosas, como ratones que volvieran del infinito, todavía, con las alas. Por protegerlos de algún modo, enumerábamos los seres y las cosas: "Las lechugas, los reptiles comestibles, las tacitas..." Pero, ya los arados se habían vuelto aviones; cada uno, tenía calavera y tenía alas. Y ronroneaba cerca de las nubes, al alcance de la mano pasaron los batallones al galope, al paso. Prosiguió la aurora quieta, y al mediodía el sol se partió; uno fue hacia el este, el otro hacia el oeste. Como si el abuelo y la abuela se divorciaran. De esto ya hace mucho, aquella vez cuando estalló la guerra, arriba de las calas.

5

All of a sudden, war broke out. Like a bomb of sugar over the calla lilies. At first we thought it was a game; then, we saw that matters were sinister. The air was lightly poisoned. The bats flew down from their hiding places, their secret caverns; they fell to the plates like roses, like mice returning from the infinite, still winged.

To protect ourselves somewhat, we counted all living and nonliving things: "The lettuces, the edible reptiles, the little cups…" But the ploughshares had already turned into airplanes; each one had a skull and wings. And they purred close to the clouds; at arm's reach the battalions galloped by, marching. Then came the peaceful dawn, and at midday the sun divided in two; one half went toward the East, the other toward the West. As if Grandfather and Grandmother were getting divorced. But this was all so long ago, that time when war broke out over the calla lilies.

6

Es junio y de tarde en los tiempos druídicos y el techo empieza a irse, a volar como una nube. El zapallo se entreabre, da su olor a rosa, el extraño aroma a clavel de los zapallos. Mamá está cerca del fuego, labra un pastel, grande. Yo voy de aquí para allá. El pastel parece un hombre, es como un fantasma, tiene ojos azules y cabello largo. Me acerco al aparador, enumero las tacitas, una a una, todas son livianísimas como cáscaras de huevo; la dulcera es rosada como una rosa.

Mamá me llama; voy hacia ella; el pastel gime un poco, conversa con mamá.

Afuera, va a caer la noche; las plantas se quedan inmóviles, se hamacan.

En el cielo empiezan a tintinear los muertos, empiezan a brillar.

Junio de tarde allá en la casa.

6

It's a June afternoon in the time of the druids and the roof begins to take off, to fly away like a cloud. The squash opens halfway; it gives off its smell of roses, that strange carnation fragrance the squashes have. Mama stands near the fire; she's making a cake, a big one. I move about, this way and that. The cake looks like a man, a ghost; it has blue eyes and long hair. I approach the cupboard, count the cups one by one, all are as delicate as eggshells; the syrup jar is as pink as a rose.

Mama calls me; I go to her; the cake moans a little, speaks with her.

Outside, night is about to fall; the plants remain immobile, swinging. In the sky the dead begin to jingle, begin to shine.

A June afternoon, there in the house.

7

Veo nacer los hongos, sus caras zonzas y bonitas; parecen campanas, parecen sombreros, parecen sexos. En lo hondo resuena la campana de palo, hay otra gente, una subgente que mi padre aborrece. La abuela también convoca a la cena, llama a los pastores; les ofrece arroz –con aroma a arvejo– guiso de hongos. Yo me aferro a la cocina, a los viejos gatos. En el aire oscuro brillan los zapallos, las manzanas, igual que caramelos. Después, cae la noche monstruosa. En lo hondo del llano, arde una lucecita. Cada uno va a su lecho. Las románticas tías descansan con la mano en la almohada y las corolas abiertas.

Entonces, alguien se levanta, ¿irá a perpetrar un crimen? Mas sólo se oyen gemidos y todo queda en paz.

Por la calleja anda un caballo, como una terrible muchacha, con sus cabellos y sus ancas. En el aire gira un planeta o un murciélago.

... Debajo de las magnolias ¿quién está?

7

I watch the birth of the mushrooms, their faces dull and lovely; they look like bells, like hats, like sexual organs. In the distance the wooden bell resounds; there are other people, underlings my father despises. My grandmother also rings for dinner, summons the shepherds, offers them rice—with the scent of peas—mushroom stew. I retreat to the kitchen, to the old cats. In the dark air the squashes, the apples gleam, bright as candy. Then, the monstrous night falls. In the depths of the plain, a little light burns. Everyone goes to bed. The romantic aunts rest with a hand on the pillow and their corollas open.

Then, someone gets up. Are they going to commit a crime? But all we hear are moans and then everything remains at peace.

A horse comes up the road like a terrible girl, with its mane and its haunches. In the air a planet or a bat is spinning.

… And under the magnolias—who's there?

8

Si en la noche oigo ladrar los perros, mi corazón se parte; si los oigo clamar lejanamente mi corazón se detiene, apresurado. Y torno a ver la huerta antigua, el jardín de aquellos años, el aroma a arveja, las vacas, los caballos que pastan en la luna. Entonces, los hombres se reúnen bajo el olivar, charlan de la próxima cosecha, de los fantasmas que en esa época acuden como pájaros, los espectros con alas de sábanas, y se roban todo el fruto.

Me acerco a las cómodas, las dulceras con sus higos y sus lilas. (En la cama ¿quién se halla? ¿es un viejo? ¿es una novia?).

Voy a la casa, a las fogatas. Si en la noche, un perro ladra, torno a ver la muerte, vuelvo a ver la vida.

8

If I hear dogs barking in the night, my heart breaks; if I hear their distant clamor, my heart stops hastily. And I go back to look at the ancient orchard, the garden of those years, the smell of peas, cows, horses grazing in the moonlight. Then, the men meet in the olive grove; they speak of the coming harvest, of the ghosts that at that time are appearing like birds, the specters with wings made of sheets, and they steal all the fruit.

I approach the chest of drawers, the syrup jars with their figs and lilacs. (But in the bed—who's there? An old man? A bride?)

I walk toward my house, toward the bonfires. If a dog barks in the night, I turn around and see death; I turn back and see life.

9

Cuando llovía mucho, a cántaros, y se formaba aquel río, debajo de aquel puente, y pasaba a lo lejos, el carro de las cartas. Y la abuela nos hacía venir junto al hogar, al leño ardiendo, allí las tres de pie, o sentadas, con los delantales a rayas, las tibias zapatillas, y ella nos servía dulce, miel, y nos hablaba jovialmente, como si nosotras también fuésemos viejecitas, o más pequeñas de lo que, en verdad, éramos. Y los gatos como lechuzones, hacienda menudísima. Y de las claras nubes caía agua, agua. Y alguna vecina —de las que moran en el pastizal, en la arboleda— empezaba a escurrirse hacia la casa, bajo las aceitunas, las locas magnolias, hasta llegar a nosotras, con el canastillo a cuestas, de huevos, de hongos, de papas recién hervidas. Entonces, nos reíamos todas juntas. Y de las blancas nubes seguía cayendo agua.

9

When it rained heavily, in buckets, that river formed under that bridge, and in the distance, the mail truck passed. And my grandmother made us come close to the hearth, the burning firewood; there the three of us stood, or sat, with our striped aprons, our lukewarm slippers, and she served us sweets, honey, and spoke to us with great joy, as if we were old ladies like her, or else small children, younger than our actual age. And the cats like great owls, the tiniest house. And water, water fell from the bright clouds. And some neighbor—one of those who dwell in the pasture, in the grove—was hurrying toward the house, under the olives, the crazy magnolias, until she reached us, bearing a basket of eggs, mushrooms, recently boiled potatoes. Then, we all laughed together. And water kept streaming down from the white clouds.

10

De pronto, nacieron gladiolos. En un lugar alto, y en el norte. Sé que hay gladiolos rojos, y azules, y gladiolos negros. Los de mi casa sólo son blancos. Empiezo a caminar hacia ellos. Pero, se venderán. (Y este año más pronto, acuciados por el rumor de la guerra); éste es uno de nuestros negocios; así vivimos. Sigo caminando; me llevan aún sin que les mire. Esa bandada de muertos, de palomas. Cuando llego caigo de rodillas; tengo intenciones de llorar. Vuelven todos los años, pero nunca tan desgarradores. Se me cae encima esa nube, esa hermosura.

Estoy a la vez, mareada y en éxtasis, siento malestar y bienestar. Me quedo tan extraña, como si estuviera muerta o encinta. Y si no vienen por mí, no podré irme.

10

All of a sudden, gladioli were born. In a high place, in the North. I know that there are red gladioli, and blue, and black gladioli. Around my house there are only white ones. I begin to walk toward them. But they will be put up for sale. (And this year sooner than ever, hurried on by the rumors of war); this is one of our businesses; that's how we live. I keep on walking; they come and get me even before I look at them. That flock of corpses, doves. When I get there I fall on my knees; I feel like crying. They come back every year, but they're never as heartbreaking as this. That cloud, that beauty falls over me.

I am at once dizzy and ecstatic, ill and well. It's so strange, as if I were dead or pregnant. And if they don't come for me, I'll never be able to leave.

11

Como siempre, a esa hora, tenía fiebre; era a la caída de la tarde, y recordé la gruta natal; papá, mamá. De seguro, en ese instante, estaba bien tendida la mesa: las ricas yemas, los brotes recién nacidos, el pequeño ogro, cazado la noche anterior, y ya pelado y dulcificado. Y creyó ver nítidamente, las lamparillas al pie de los verdes santos. Y ella, ahora allí, miró en su torno, ese cuartel general, la guerra de los huertos, a la que con sus nueve años, aún no cumplidos del todo, en parte, capitaneaba. Todas esas cosas que, después, quedarían grabadas en los anales del más viejo roble... Oh, pero, si alguien, ahora, rasguñara la puerta, papá, mamá, la hermana menor, trajera una noticia triste: "Llovió adentro de la gruta, murió una muñeca, murió el perro..." Si le avisaran algo así... Pero, la enredadera de "trompas de fuego" abría adentro sus flores que se abrían rezongando, silbando. Oyó también a las rosas; les sintió el aroma —a vino— y rompió a llorar. Pero, empezaba a encenderse la noche, a apagarse el día; las estrellas se amontonaban temblando, y la que no halló sitio caía hacia la tierra seguida por su cabello, un manchón de azúcar. A la media luz divisó sus huestes, los batallones que nunca habían hallado la muerte; un poco más abajo, siguiendo sus órdenes, formaban, desfilaban encima del gran jardín de papas, de los repollos de hermosas alas grises, de los espárragos (cada uno con una rosita en la punta). De súbito, como acontecía casi siempre, ocurrió otra batalla. Varios hombres fueron trozados como hongos. Pronto, le traerían otra bandera. A la media noche, flotaba en el aire un aroma a pasto, a papa recién cortada. Todo había sido perfecto, como siempre, de victoria en victoria; sin embargo, negros presentimientos cruzaban el aire; como murciélagos quedaban hamacándose por largo rato en el mismo sitio; los estuvo mirando. Más tarde, se asomó a espiar la noche. Lejos, en los más lejanos huertos, ardían hogueras pequeñas y sosegadas. En ese instante, como siempre, irrumpieron las ratas, solas o en bandas. Algunas hacían pantomimas, emitían rumores militares, un nombre extraño —marosa—, comían papeles.

11

As always, at that hour, I had a fever; it was nightfall, and I remembered my native grotto: Papa, Mama. Certainly at that moment the table was all set: the tasty egg yolks, the freshly sprouted shoots, the small ogre they'd caught the night before, now skinned and sweetened. She thought she could clearly see the lamps at the feet of the green saints. And she, now over there, looked around at her surroundings, those headquarters, the war of the orchards, of which she, only going on nine years old, was partial commander. All those things that would later be recorded in the annals of the oldest oak tree... Oh, but if someone were to scratch at the door now, if someone—Papa, Mama, her youngest sister—were to come with bad news: "It rained inside the grotto, a doll died, the dog died..." Were they to say something like this... But then, the climbing vine of "fire trumpets" was opening; inside, its flowers were unfurling, shouting, whistling. She also heard the roses; smelled their scent—wine—she immediately burst into tears. But the night was beginning to light up, the day to burn out; the stars crowded together, trembling; the one that couldn't find a place among the others fell to the ground followed by her mane, a lump of sugar. In the half light she caught sight of her troops, the battalions that had never faced death; a little farther down, following orders, they lined up; they paraded over the great garden of potatoes, of beautiful gray-winged cabbages, of asparagus (each one with a little rose at its tip). Suddenly, as almost always happened, another battle occurred. Several men were cut into pieces like mushrooms. Soon, they brought out another flag. At midnight, a scent of grass floated in the air, a scent of a recently cut potato. Everything had been done perfectly, as always, victory upon victory; nevertheless, dark forebodings hung in the air; like bats they were left swinging for a long time in the same place; she looked at them. Later on, she went out to spy on the night. In the distance, in the most remote orchards, small, quiet bonfires were burning. At that moment, as always, the rats barged in, alone or in gangs. Some put on pantomimes; they let out military murmurs, uttering a strange name—marosa—they ate paper.

12

Mi primer encuentro con los poetas fue memorable; sin embargo, es sólo una página más —ésta— en el anuario de los robles. Abandonó la casa a la hora del humo, cuando las copas se quedan quietas en su baile. La hora en que empiezan a ulular los pavos, a cacarear como hienas; ella les ve el plumaje triste, la cara color rosa. Cruza el jardín de membrillos; las frutas parecen piedras perfumadas. Pequeñas muertas flotan en sus plumas; son los espectros de las tías y primas enterradas años antes. El aire está propicio; hay una extraña resonancia. Entonces, empieza a decir uno de sus poemas; "Noche de mayo y de magnolias; la luna inventa un pueblo blanco en las colinas. Van a venir de nuevo, Gerardo y Elena. Por eso puse una magnolia en el vaso..." o "Mi ángel ángel, mi ángel mío, ángel de los dulces y de la yerba, ángel de los aparadores, ¿qué decirte que tú ya no sepas?..." Pasa el oscuro olivo, y aparecen las espadañas, los pastos, el gran campo de hierbas. Y un poco más abajo, —¿cómo no haberlos visto antes?— sentados en círculo están ellos, los poetas, con sus caras de antiguos niños, sus capelinas agudas, los pliegos con los más bellos versos. Nadie la mira; empiezan una danza en la que ella no toma parte. Se sienta un poco lejana y comienza a decir lo que ya venía diciendo, lo que venía cantando. Inventa también una pequeña representación, una pantomima, a la vez, risueña y trágica, llora y ríe por un minuto. Entonces, ellos se acercaron, dulcemente la besaron, la abrazaron. Había fantasmas; había membrillos.

Fue así.

12

My first encounter with the poets was memorable; however, it is only one page more—this very one—in the annals of the oak trees.

She abandoned her house at the smoke hour, when the treetops stop their dancing. The hour when the turkeys start howling, shouting like hyenas; she sees their sad plumage, their pink faces. She crosses the garden of quinces; the fruits look like perfumed stones. Little corpses float in the turkeys' feathers; they are those ghosts of aunts and cousins buried years before. The air is opportune, bearing a strange resonance. Then, she begins to recite one of her poems: "Night of May and of magnolias, the moon invents a white town in the hills. They're going to come again, Gerardo and Elena. That's why I put a magnolia in the vase..." or, "My angel angel, my angel of mine, angel of sweets and herbs, angel of the cupboards, what can I tell you that you don't already know?" She passes the dark olive tree, and the bulrushes appear, the pastures, the great field of grasses. And a bit lower—How had they not been seen earlier?—seated in a circle, there they were, poets, with their faces of ancient children, the sharp angle of their broad-brimmed hats, the sheets covered with the most beautiful verses. No one looks at her; they begin a dance she doesn't take part in. She sits down a little distance away and begins to say what was already being said, what was already being sung. She also invents a little skit, a pantomime, at once cheerful and tragic; for a minute she cries and laughs. Then, they drew close to her; they kissed her sweetly, hugged her. There were ghosts; there were quinces.

That's how it was.

13

¿Qué pasa en aquella hora? Los caballos empiezan a resucitar. Los antiguos, de labranza, juntan los huesos, el negro cuero, los dientes níveos; ya tiemblan, revolotean, ya marcan el paso en torno a los huertos. Viene rumor de antiguas cenas; el fantástico apio abre su cabello de colores; la cebolla de ojazos azules, me mira dulcemente, y el melón como un perfume macizo. Reaparecen los tíos y sus peones, cuentan los surcos, ordenan el trabajo; al pie de la casa que se yergue toda, el abuelo da la voz de mando. Vuelven las nubes del sur, leves como el humo, siempre de sur a norte, de sur a norte...

Mamá saca del aparador mi corazón de niña, pequeñito, y late todavía.

13

What is happening at that hour? The horses start to rise from the dead. The ancients of the fields gather the bones, the black leather, the snowy teeth; they tremble, turn around, mark time walking around the orchards. I can hear the sound of ancient feasts; the fantastic celery lets down its colorful hair; the onion stares at me sweetly with its big blue eyes, and the melon like a robust perfume. My uncles reappear with their farmhands, count the furrows, give their orders; at the foot of the house that stands on its own, my grandfather gives the supreme commands. The clouds come back from the South, light as smoke, always moving from south to north, from south to north…

Mama takes from the cupboard my childhood heart; it's tiny, and it still beats.

14

Allá en las felices mañanas, cuando los árboles se cubren de naranjas, de azucenas de fuego, entre noviembre y diciembre, y en la escuela es la fiesta de exámenes, y mamá acomoda los panales, y nace el jazmín, multiplicado al millón, como una Virgen-María infinita, y el gladiolo santísimo levanta sus llamas blancas, sus ramas blancas, cuando se para el jardín de gladiolos frente a la casa como un navío de velas delirantes, y mamá viene remando en el mar de gladiolos, en esa marea blanquísima que inunda la chacra, la casa de los vecinos, los más lejanos prados, y todos nos morimos dulcemente.

14

There on the happy mornings, when the trees are covered in oranges, in lilies of fire, between November and December, and in school it's the fiesta of exams, Mama arranges the honeycombs, and the jasmine is born, multiplied by a million, like an infinite Virgin Mary, and the most holy gladiolus lifts its white flames, its white branches, when the gladiolus garden is stopped in front of our house like a ship of raving candles, and Mama comes rowing in the sea of gladioli, in that whitest tide that floods the farmhouse, the neighbors' house, the most distant meadows, and we all die sweetly.

15

En el aire oscuro de la noche, de la habitación, anda un santo nuevo. Lo miro, lo conozco, aun sin verle, sin mirarlo. Como los higos tiene gusto a hierba —y a azúcar—, a hierba y nieve. Tal vez, dentro de un minuto se haga evidente, muestre el cabello largo, los ojos azules, tal vez, no; como los abanicos, tiene los huesos de sándalo. Sigo su ruta, su itinerario. Pasa las negras puertas encima del sueño del abuelo, encima del sueño de la abuela, que duerme coronada de masas, de preciosas confituras; se entra en el ensueño de las niñas, fijas en sus cajas como muñecas; va a la cocina, aspira el aroma de los dulces de la tierra, los vasos de zapallo y azahares. Sale al jardín, trepa a los más altos árboles; por un minuto se hace visible, brilla como una rosa de fuego, por un minuto, nunca, baja corriendo; vuelve a entrar; otra vez; por el aire de la habitación anda un personaje nuevo.

15

In the dark air of the night, of the room, a new saint is walking. I look at him, I know him, even without seeing him, without looking at him. Like the figs taste of grass—and of sugar—of grass and snow. Perhaps within a minute he will show himself, his long hair, his blue eyes; perhaps not; like a fan, he has sandalwood bones. I follow his path, his itinerary. He passes the black doors, over the dream of my grandfather, over the dream of my grandmother, who sleeps with a crown of dough, of perfect jellies; he enters the dreams of the girls, as still as dolls in their boxes; he goes into the kitchen and inhales the fragrance of the earth's sweet things, the glasses of squash and orange blossom. He goes out to the garden; he climbs the tallest trees; for a minute he makes himself visible, gleaming like a fiery rose; for a minute, never, he comes down running; he comes back into the house; once again, a new, illustrious character is floating through the air in the room.

16

Cuando todavía habitábamos la casa del jardín, al atardecer, cuando llovía, después de la lluvia, esos extraños seres, junto a los muros, bajo los árboles, en mitad del camino. Sus colores iban desde el gris más turbio hasta el rosado. Unos eran pequeños y redondos como hortensias; otros, alcanzaban nuestra estatura. Allí, inmóviles; amenazantes; pero, sin moverse. Mas cuando la noche caía del todo, ellos desaparecían sin que nunca supiésemos cómo ni por dónde.

Entonces, los abuelos nos llamaban, nos daban la cena, los juegos, regañaban. Nosotros hacíamos un dibujo, apasionadamente; lo teñíamos de gris, negro, gris, de color de hortensia.

La lluvia del jardín.

16

When we still lived in the garden house, when it rained at dusk, after the rain, those strange beings, alongside the walls, under the trees, in the middle of the path. Their colors ranged from the most turbid gray to pink. Some were small and round, like hydrangeas; others reached our height. There, immobile; threatening, but motionless. But when night fell over everything, they vanished without anyone knowing how or where they'd gone.

Then, our grandparents called us; they gave us dinner, games, scolded us. Often we'd make a drawing, passionately; we shaded it gray, black, gray, hydrangea-colored.

The rain of the garden.

17

Hoy, alguien mató una rata, (el país de las ratas es mi país), le pegó, la ensangrentó; y mi corazón se partía diez veces, dio en recordar la antigua edad, cuando aun vivíamos en las magnolias con la Virgen María y con los Reyes, y en el aire oscuro de la noche, ellas aparecían solas o en bandadas, por el cielo negro de los techos, por el cielo negro de los pisos, llenos de galerías y zaguanes. Tímidas y audaces como niñas nos robaron todos los papeles, nos royeron las cifras y los cantos —y estuvo bien así–, las cajas de masitas y retratos, las peinetas con coral en las esquinas.

Pero, fueron las únicas que me enviaron tarjetas en los cumpleaños. Ese es el ejército de mi niñez. La guerra de los huertos fue su guerra. No sé si triunfaban ellas o las calas, ellas o el lucero de brillante apio.

Quiero volver a las vigas negras, a la luna llena, a las magnolias por abrirse, a todo aquello.

No hay nada qué hacer.

El pueblo de las ratas
    es mi pueblo.

17

    Today somebody killed a rat (the rats' land is my land), he struck it, he made it bleed, and my heart broke ten times at the memory of that long-lost age when we still lived in the magnolias with the Virgin Mary and with the kings, and in the dark night air, they appeared alone or in gangs, in the black sky of the roofs, the black sky of the attics, full of halls and entryways. As shyly and boldly as young girls they stole all our papers; they gnawed at our figures and songs—and this was a good thing—the boxes of cake and portraits, the coral combs in the corners.

    But, they were the only ones who sent me cards for my birthday. They are the army of my youth. The war of the orchards was their war. I don't know who won—they or the calla lilies, they or the star of shining celery.

    I want to return to the black crossbeams, to the full moon, to the magnolias waiting to open, to all of it.

    There's nothing else to do.

    The rats' home
                  is my home.

18

Me emociona cuando en la madrugada, oigo crujir los carros, casi en la noche, camino a los mercados, los hombres que vienen de las antiguas huertas, donde mi niñez se abrió y huyó como una rosa. Y casi miro la brillante carga, las bolsas de rocío, los repollos de hermosas alas, las cebollas metidas en su gasa, los espárragos como manos de un solo dedo, el azúcar de las zanahorias, los limones duros como piedras, cargados de caña, de licor, las ciruelas de oro, el ajo de alabastro, las papas, de nácar bajo la oscura manta, los zapallos envueltos en sus propias azucenas amarillas, y, no sé, algún hongo, algún murciélago. Brilla fija la aurora del mercado, papá viene de lejos.

18

I get excited when I hear the carts come creaking past at dawn, when it's still almost night, on the road to the markets, the men who come from the ancient gardens, where my childhood opened and fled like a rose. I can almost see the cart's shimmering load, the bags of dew, the cabbages with their beautiful wings, the onions wrapped in their gauze, the asparagus like hands with only one finger, the carrots' sugar, the lemons as hard as stones, loaded with cane and liquor, the golden plums, the alabaster garlic, the mother-of-pearl potatoes beneath a dark mantle, the squashes wrapped in their own yellow lilies, and, I don't know, some mushroom, some bat. The market dawn shines steadily; Papa comes from far away.

19

Árbol de magnolias,
        te conocí el día primero de mi infancia,
a lo lejos te confundes con la abuela, de cerca, eres el aparador de donde
ella sacaba el almíbar y las tazas.
De ti bajaron los ladrones;
en ti vivían la Virgen María y los Tres Reyes:
Melchor, Gaspar y Baltasar;
de ti bajaban los pastores y los gatos;
los pastores, enamorados como gatos,
los gatos, serios como hombres, con sus bigotes y sus ojos de enamorados.
Esclava negra sosteniendo criaturitas, inmóviles, nacaradas.
Virgen María de velo negro,
de velo blanco, allá en el patio.
Eres la abuela, eres mamá, eres marosa, todo eres, con tu eterna
juventud, tu vejez eterna,
niña de Comunión, niña de novia,
niña de muerte.
De ti sacaban las estrellas como tazas,
las tazas como estrellas.
Estuvo oculto en tus ramos el Libro del Destino.
Te has quedado lejos, te has ido lejos.
Pero, voy retrocediendo hacia ti,
voy avanzando hacia ti.
Te veré en el cielo.
No puede ser la eternidad sin ti.

19

Magnolia tree,
       I met you on the first day of my childhood,
from a distance you look like my grandmother; up close, you are the cupboard from which she pulled out syrup and cups.
The thieves climbed down from you;
the Virgin Mary lived in you, and also the Three Kings:
Melchor, Gaspar, and Baltasar;
shepherds and cats climbed down from you;
the shepherds, in love like cats,
the cats, as serious as men, with their whiskers and their lovers' eyes.
A black slave girl bearing immobile creatures of pearl.
Virgin Mary, black-veiled,
white-veiled, there on the patio.
You are grandmother, mama, marosa, you are everything, with your eternal youth, your eternal age,
child of Communion, child bride,
child of death.
From you they took stars like cups,
cups like stars.
The Book of Destiny was hidden in your branches.
You have remained far away, you have gone so far away.
But I keep retreating toward you,
keep advancing toward you.
I'll see you again in heaven.
Without you there is no eternity.

20

Los choclos con arvejas dulces y con flores,
los lirios de alas de oro
vuélveme el maizal de los colores,
la tarde con lobizones y con santos,
la banda de liebres por el aire,
las cigüeñas que venían a comer babosas en mi mano,
los animalitos transparentes, callejeros.
Déjame ser la niña adolescente,
con el cabello rubio a las espaldas,
y que pueda ir hasta la iglesia,
a ocultarme un ratito en el altar,
en las canastas de rosas, las abuelas.
Déjame ser como las liebres,
tener alas,
dormir con los ojos abiertos,
vuélveme el maizal de los colores.
Que pase el viento.

20

The corn with sweet peas and flowers,
the golden-winged irises
take me back to the cornfield of colors,
the evening of werewolves and saints,
the band of hares in the air,
the storks that came to eat slugs from my hand,
the transparent little animals, strays.
Let me be the adolescent girl,
with the blonde hair down to my back,
who might walk up to the church,
to hide for a moment on the altar,
in the baskets of roses, the grandmothers.
Let me be like the hares,
give me wings,
let me sleep with eyes wide open,
take me to the cornfield of colors.
May the wind blow.

21

Abril en la huerta.

Las cebollitas —todas iguales— sacan el cabello; pero, dejan dentro, la cara, el ovalado rostro de azúcar, el huevo de mármol. Hay un palomar debajo de la tierra.

A pesar de su realeza, la rosa granate, solitaria, es una prostituta, una divina muchacha de la calle; un sexo en el aire, esplendoroso y loco, en perpetua actividad; a sus efluvios están alertas los caballos, los toros, los carneros; acuden los gallos, los muchachos.

Con el rocío el pasto, el herbazal, fosforece; saltan rayos de colores, arcoiris, pandorgas,
planetas de larga cola.
Papá pasea, olímpico,
su rebaño de liebres.

21

April in the orchard.

The little onions—all the same—remove their hair, but leave their faces inside, their oval sugar faces, marble eggs. There's a dovecote under the earth.

Despite their royalty, the lonely garnet rose is a prostitute, a divine streetwalker, sex in the air, splendid and insane, constantly active; the horses, the bulls, the rams are all aware of her rhythms; roosters and boys come running for her.

With dewfall the grass, the herb garden phosphoresces; colorful rays leap out, rainbows, kites,

long-tailed planets.
Papa, Olympian, walks past
his flock of hares.

22

Semana Santa. La yerba lucera se colma de florecitas rojas, grises, anaranjadas. Pasan los juntadores de yuyos; asoma también algún hongo, un animalito de hermosos ojazos, que van a parar a los cestos, algún hongo de color oro. Vuelan lejos los automóviles, los aviones, ajenos por completo a todo, a los altares pequeños y potentes que salen de la tierra, a la Cruz errante, a los juntadores de yuyos.

22

Holy Week. The shining grass is filled with little red, gray, orange flowers. The weed gatherers march past; some mushroom also sticks out its head, some little animal with beautiful eyes that hover over the baskets, some golden mushrooms. Cars, planes, fly in the distance, completely removed from everything, from the little, powerful altars that shoot up from the ground, from the wandering Cross, from the weed gatherers.

23

Aun detrás de la lluvia escucho a los cañaverales de la infancia, las gallinas que ponen huevos de oro, o blancos como el azúcar; y llaman a gritos a mamá; todo lo que no está escrito; papá detrás del carretón, del caballo viejo, rosado y gris, que trabajó durante tantos años, y luego, siniestramente, vendieron. Las cosas todas de la casa, las rosas de la casa, una a una, las granates y dulces como pasteles, las blancas que parecen de mármol, y son de los mártires y los héroes, las amarillas que arden como miel, y las rosas rosadas, extremas, de los amores increíbles, de los homosexuales. Las cosas de la infancia, las rosas de la casa, una a una, y levanto otra vez, en el armario, la rosa blanca de mamá.

23

Even behind the rain I hear the cane fields of my childhood, the hens laying eggs of gold, or as white as sugar, and calling out to my mother; everything that is not written; Papa behind the big cart, the old horse, pink and gray, the horse that worked for so many years, and then, wickedly, was sold. All the things of the house, the roses of the house, one by one, the sweet, garnet cake-like ones, the white ones that look like marble (they belong to heroes and martyrs), the yellow ones that burn like honey, and the pink roses, extreme, signifying unbelievable love, homosexual love. The things of my childhood, the roses of the house, one by one, and again, in the closet, I hold up Mama's white rose.

24

Parece tan fácil entrar y robar.
Vuela una luna de azúcar sobre las huertas negras, sobre los cercos donde viven el alhelí, las gallinas, las peras de colores. Hay cosas que parecen otras cosas: cruces, carros abandonados, caracoles gigantes. Los perros están despiertos; pero, hipnotizados por la blanca luna.
Dentro, en el aire, flotan como siempre las ratas y un perfume a miel.
Cada uno está en su altar: el abuelo, la abuela, papá, mamá, yo.
Él merodea un instante. Entreabre la puerta. Trae el falo desnudo, el puñal desnudo.
La luna brilla terriblemente.
Las velas vacilan.

24

It seems too easy to break in and steal.

A sugar moon is flying over the black orchards, over the hedges where the wallflowers, the hens, the dappled pears live. There are things that look like other things: crosses, abandoned carts, gigantic snails. The dogs are awake, but mesmerized by the white moon.

Inside, as always, the rats and a honeyed perfume float through the air.

We each stand at our own altar: Grandfather, Papa, Mama, me.

He plunders in an instant. He opens the door halfway. He reveals his naked phallus, his naked dagger.

The moon is gleaming terribly.

The candles flicker.

25

No hay más bello canto que el de los perros en lo hondo de la noche. Me hace girar el tiempo; me vuelve la vieja casa. Estoy de pie al lado de mamá. No sé de dónde vengo, ni adónde voy, ni me lo pregunto, tampoco. Recién salgo de la tierra, soy una papa esplendorosa y triste, que de pronto, se cubre de alas, ramos de pimpollos, cabello largo; hablo con mamá, le pido un plato, un saco; viene papá, me cuenta cuentos; pasan la luna, los murciélagos, vuelan las liebres arriba del arvejal; pasan los peones, los ladrones, fuman, cambian pequeños gritos raros. Vecinos de las más lejanas chacras, acuden a casa, cruzan las habitaciones; pero, cambiados por bichos, parecen murciélagos, ratones, nos comen todos los vestidos, los papeles, nos espían, nos escuchan; luego, se van.

Cantan los perros en lo hondo de la noche,
adentro de la eternidad.

25

There is no song as beautiful as that of the dogs in the depths of the night. It makes me turn back the clock; it brings me back to the old house. I'm standing beside Mama. I don't know where I've come from, where I'm going, and I don't ask, either. I've recently sprung up from the earth; I'm a splendid, sad potato that is suddenly covered with wings, bunches of buds, long hair; I talk to Mama, I ask her for a dish, a coat; Papa comes and tells me stories; the moon flies past, the bats, the hares fly over the pea field; the farmhands pass by, the thieves, smoking, swapping strange little cries. Neighbors from the most distant farms come to our house; they cross through the rooms; however, transformed into beasts, they look like bats, mice, they eat all our dresses, our papers; they spy on us and listen in; then, they leave.

The dogs sing out in the depths of the night,
>   somewhere within eternity.

26

Sabes, papá, que recuerdo tan bien tu carricoche extraño, cuando volvíamos de la ciudad mi hermana y yo –y tú y mamá– y como éramos tan pequeñas, la ciudad nos parecía fabulosa, merodeando las chacras, los arvejales por donde la luna resbalaba como una vieja fatídica, las chacras de tomates y azulados porotos, las casas solitarias, en tanto los perros nos ladraban desde un sitio que no está en el este ni en el oeste ni en el norte ni en el sur; los perros nos seguían desde cualquier lado, desde cien años atrás. Y tú y mamá rezongando suavemente sobre las mercancías recién adquiridas. Y el carro trotaba junto a las lomas, las chacras de rosales. Sólo nosotros por la senda; y por el aire, los perros, los años y la luna.

26

Do you know, Papa, that I remember your strange old cart so well, when my sister and I—and you and Mama—would come back from the city, which, since we were so small, seemed fabulous to us, prowling around the farms, the pea fields through which the moon slid like a fateful old woman, the farms of tomatoes and blue beans, the lonely houses, while the dogs barked at us from a place neither East nor West, North nor South; the dogs came out from everywhere to follow us, returning from a hundred years past. And you and Mama gently grumbling over the newly acquired goods. And the cart trotted past the hillocks, the farms of rose bushes.

Only us on the path; and in the air: the dogs, the years, and the moon.

27

Ya duermen todos los habitantes de la casa; por las puertas de par en par, pasa la luna con olor a melón. Los perros trotan. En el aparador hay ciruelas en su almíbar de plata, hay ratones, murciélagos dormidos en las tazas, que, de pronto, abren la sombrilla y se van volando. Parientes de las más remotas chacras pasan por casa camino a los mercados. Detienen un instante el carro en la calleja, entran, merodean entre los dormidos; alguno abre los ojos, les hace las preguntas de siempre; ellos se reúnen, charlan, fuman, salen a mirar las plantas, la luna, vuelven a trepar al coche y a marcharse. Yo todo lo miro, lo escudriño, desde un hueco de la pared, desde las ramas, recorro los senderillos del huerto junto a los melones de ámbar, a las sandías negras con los gladiolos dentro, junto al rebaño de los hongos, pasan los ladrones, desnudos, con un pequeño farol, pasan las estrellas por la tierra, cuento hasta seis, todas de vestido enorme y cabello largo; pero, es un instante no más y ya son sólo un ramito allá en el más remoto cielo. Entonces, regreso a casa, apresuradamente, antes del alba busco mi lecho. Pero, nunca podré dormirme. Ni despertar.

27

All the inhabitants of the house are already asleep; through the wide open doors, the moon flies in, smelling of melon. The dogs are trotting. In the cupboard plums lie in their silver syrup, there are mice, bats sleeping in the cups; suddenly, they open their umbrellas and take off flying. Relatives from the most remote farms pass by our house on their way to the market. They stop their cart for a little while in our lane; they come in, prowling among the sleepers; one opens his eyes, asks the same old questions; they get together, chat a bit, smoke, go out to look at the plants, the moon, they clamber back to their carts and leave. I watch it all, I scrutinize it through a hole in the wall, through the branches, I walk along the garden paths by the amber melons, the black watermelons with gladioli inside; next to the flock of mushrooms, the thieves pass, naked, with a small lantern; the stars come down to the earth, I count as many as six, all with huge dresses and long hair, but in just one instant they return to being nothing but one more little bouquet in the most remote sky. Then, I go back to the house; hurrying, I return to my bed before dawn. But I'll never be able to fall asleep. Nor awaken.

28

A esa hora —el atardecer— las flores blancas se asaban, se doraban en su propio perfume, se las podía devorar, parecían masitas, caramelos. Mi madre pasaba con el canastillo a cuestas y las criadas, cortándolas para la cena. A veces salía, también, algún caracol, del más puro alabastro, con una amatista engarzada, un brillante; pero, mamá sólo bebía el bicho de finísima sal y dejaba caer la taza. Era la hora de los monjes y de los pájaros; mi madre atendía por igual a las grullas y a los sacerdotes. Les daba agua helada, miel, caramelos.

Los monjes dirigían nuestros rezos; pero, yo sólo decía poemas al pie de las muñecas sagradas, todas con alas y cabello largo. Los monjes nos invitaban a ir con ellos bajo la luna. Siempre me parece mentira la vida de aquella casa. Ahora, cuando interrogo a mamá ella no quiere decirme nada. Sin embargo, todo quedó escrito ahí. En el libro de la Miel.

28

At that time—nightfall—the white flowers were roasted, made gold by their own perfume; you could almost eat them, they looked like little dough balls, candies.

My mother walked by with the basket on her shoulders; the servants cut them for dinner. At times, some snail of purest alabaster would also come out with a set amethyst, a brilliant one, but Mama would only drink the creature of finest salt, and then would drop the cup to the ground. It was the time of monks and birds; my mother treated cranes and priests the same. She gave them cold water, honey, candies.

The monks led our prayers, but I just recited poems at the feet of the sacred dolls, all with wings and long hair. The monks invited us to walk with them under the moon. It has always seemed unreal to me, the life of our house. Now, when I question Mama, she refuses to tell me anything.

Nevertheless, it all ended up written here. In the Book of Honey.

29

Era casi medianoche y empecé a andar, desde la chacra de mis padres a la chacra de mis abuelos, desde una casa a la otra casa. Pasé junto a los arvejos que ardían como brillantes, a los pequeños ríos llenos de ranas, de boniatos rosados, de "cucharas de agua" con su extraña carne muda dentro, junto a los caballos, de espléndida dentadura, que se reían a carcajadas; vi las vizcachas en las puertas de sus viviendas, todas de cara cuadrada y delantales, barrían, valsaban en el arenal; vino la banda de conejos silvestres —con sus orejas como alas— a comerse la propiedad de mi padre. Pero, casi en el linde me detuve, las matas no pudieron ocultarme. El monstruo venía deslizándose de una chacra a la otra, la extraña forma. Oí que decía:

—¿Eres tu, Elena?

Y, helada, me oí a mí misma, responder: —Sí, abuelo.

Y él: —¿Hay liebres?

—Sí, abuelo.

Quería disimular, desaparecer, se ocultó a medias; avergonzado, dijo:

—Doy un pequeño paseo ¿sabes?

Yo en un impulso ciego crucé a la otra huerta, llegué a los laureles que ardían como llamas, entré en puntas de pie, reposé un rato. Busqué la habitación principal; la abuela dormía sola, con la trenza en la frente como un laurel; en la penumbra divisé las vírgenes, los frascos de aceitunas. Merodeé un instante. Una de las criadas abrió lo ojos; dijo: —Eres tú, Elena. Cruzaste las huertas a esta hora. Estás loca.

Salí, pasé junto a los árboles, la luna. El abuelo volvía, ya con su traje particular de pana negra. Caminaba lentamente, se pasó la mano por el rostro, habló con odio a la luna.

29

It was almost midnight and I began to walk from my parents' farm to my grandparents' farm, from one house to another. I passed by the pea plants that gleamed like diamonds, the little rivers teeming with frogs, pink yams, "spoonfuls of water" with their strange mute flesh inside, along with the splendid-toothed horses laughing their heads off; I saw the viscachas in the doorways of their dwellings, all with square faces and aprons; they were sweeping about, waltzing in the sand. Then came the band of wild rabbits—with their ears like wings—to feast on my father's land. But I stopped near the boundary; the bushes were not enough to hide me. The monster came snaking from one farm to another, its shape strange I heard it was saying:

"Is that you, Elena?"

Frozen, I heard myself respond, "Yes, Grandfather."

Then he said, "Are there hares?"

"Yes, Grandfather."

He wanted to hide, to disappear, he was half-concealed; he said, "I'm taking a little walk, you know?"

On a blind impulse I crossed to the orchard; I arrived at the laurels that were burning like flames; I entered on tiptoe and rested a moment. I looked for the main room; my grandmother was sleeping alone, with her braid over her forehead like a laurel. In the half-light I could see the virgins, the olive jars. I lurked there for a moment. One of the maids opened her eyes, saying, "It's you, Elena. You crossed the orchard at this hour. You're crazy."

I went out, walked alongside the trees, the moon. My grandfather returned, now wearing his favorite black corduroy suit. He walked slowly; he wiped his hand over his face, spoke hatefully at the moon.

30

Este verano me trae aquel verano. Las parvas hasta el cielo, las siembras de mi padre: los oscuros tomates, las chauchas milagrosas, los zapallos espectrales, y aquellas extrañas plantas, que, en vez de frutos, daban bichitos (que luego, se desprendían y seguían viviendo); las páginas del libro de la escuela vivas en el aire, las langostas como tijeras de papel de plata, el viento del desierto cargado de perfume, los caballos de mi padre siempre al galope por el sur, la pálida luna de la casa, todos los amigos que no tuve.

30

This summer takes me back to that summer. The sky-high heaps of grain, my father's sowing: the dark tomatoes, the miraculous green beans, the ghostly squashes, and those strange plants that bore little creatures instead of fruit (and later, these creatures detached themselves from the plants and kept on living); the pages of the school textbook, alive in the air, the lobsters like scissors of silver paper, the desert wind loaded with perfume, my father's horses galloping—always toward the South, the pale moon of the house, all the friends I didn't have.

31

La insólita forma empezó a deslizarse; era como un gran árbol de mármol, con muchas ramas, alguna estría de sangre aquí y allá, un pólipo de las profundidades del cielo. ¿Quién era eso? Acaso, un pecador al que Dios obligaba a desfilar así, blanco y ciego. Entré aterrorizada a la casa.

Caían las lloviznas, se oía crecer la hierba, los caracoles buscaban donde pegar nuevamente el pie, se oía en el aparador latir las tacitas, cada una con un murciélago dentro, un ratón, un menudo animalillo que la abuela había conservado en azúcar. ¿Seguiría avanzando aquello?

Huí a mi alcoba, quise hacer mi vida de siempre, me pinté, me puse tacos altos, iba a ir a la escuela, a la oficina.

Pero, oía a la familia que me nombraba, que me llamaba, y con una voz extraña. Como para una asamblea final.

31

The unusual figure started slithering; it looked like a great marble tree with many branches, here and there a groove filled with blood, a polyp from the depths of the sky. Who was that? Maybe a sinner that God was forcing to march this way, white and blind. Terrified, I stepped into the house. It was drizzling a little; I could hear the grass growing, the snails searching for the right place to put their feet; I could hear the teacups rattling in the cupboard, each one with a bat inside, a mouse, one of those tiny animals that my grandmother had preserved in sugar. Would that continue to advance?

I ran away to my room; I wanted to lead my normal life. I put on makeup, high heels; I was going to go to school, to the office.

But I could hear my family calling me, stating my name in such a strange voice. As if for a final assembly.

32

Revivo las noches de la quinta. Dejábamos la casa, en puntas de pie, junto a los árboles donde duermen las aves, las blancas gallinas, los patos de color rosa, junto a los nísperos, los fresnos, ya más rápidamente, junto a los pinos y sus amargas piñas, hasta llegar a aquel promontorio entre los árboles. Entonces, surgen los vecinos, oscuros y silenciosos. Y el pequeño filme se rueda otra vez, hacemos una representación en la que mi madre es siempre la primera actriz usando peluca rubia y máscara de plata, y en la que yo, siempre, encarno al Destino, a la muerte; salgo de cualquier lado, de un hueco de la tierra, de un ramo de manzanas. Pasa la luna, blanca como una almendra; pasa la luna, amarilla y fragante, cargada de nísperos, de semillas de melón; a lo lejos, los caballos cambian risotadas, los caballos blancos como la luna, o rojos caballos que despiertan de súbito, dan un galope, se comen su cena de hongos y de espigas.

Y mi madre y yo hacemos la reverencia final, yéndonos ya, por los vericuetos de la huerta, sobre el estrellado rocío, en puntas de pie, junto a los árboles cargados de pájaros. Y la abuela –desde su entresueño– nos hace la pregunta de siempre, que si estuvo bien la representación; y nosotros decimos que sí estuvo bien. Entonces, los roperos se cierran, el candelabro se cierra. Y yo me entro en el lecho y me duermo enseguida, y sueño siempre lo mismo, que allá, se representa otra vez, que encarno al Destino.

32

I relive those nights in the farmhouse. We left the house on tiptoe, close to the trees where the birds sleep, the white hens, the pink ducks, alongside the medlars, the ash trees, faster and faster, passing by the pine trees with their bitter pinecones, until we reached that little hill between the trees. Then, the neighbors come out, dark and silent. And a little film is played once again; we put on a show in which my mother is always the leading lady, with her blonde wig and silver mask, while I am Destiny incarnate, death; I might appear from anywhere, a hole in the ground, a branch filled with apples. The moon floats by, white as an almond; the moon floats by, yellow and fragrant, loaded with medlars, melon seeds; in the distance, the horses burst out laughing among themselves, horses white as the moon, or red horses that wake up suddenly, set off galloping, eat their meal of mushrooms and sprigs.

And my mother and I move with utmost reverence, walking down the rugged orchard paths, over the starry dew, on tiptoe, alongside the trees loaded with birds. And my grandmother—from within her dreams—asks the same old question, did the play go well, and we say yes, yes it did. Then, the closets are shut, the candelabra is put away. And I go to bed and immediately fall asleep, and I always dream the same thing, that there, we're putting on the play once again, and I am Fate incarnate.

33

Se recostó un poco en la cama. Tenía miedo, un miedo horrible, siempre había tenido miedo. Sabía que el Gran Ratón no había muerto y que era mentira que el Espíritu de la Casa nunca había existido, como ahora quería decir su madre. Y esa tarde el poniente estaba negro, y los niños que volvían de la escuela, volvían semienmascarados; ella misma había visto disfraces en el suelo, antifaces, y viejísimas cosas, pertenecientes a casas de antaño, que no se atrevió a mirar dos veces, ni a tocar.

En lo hondo de las habitaciones la madre hacía algo, dulces, pasteles; el padre contaba los frascos de aceitunas. Cuando cayó del todo la noche, sonó sordamente la campana de la cena. Fue al comedor como una sonámbula; comió algo, un huevo, vino; volvió a la alcoba, miró bajo la cama, los roperos, rezó, se acostó, entró la madre, cerró la lámpara, el farol, se fue. Ella quedó allí, metida en su terror; sin embargo, media hora más tarde estaba dormida. Cuando abrió los ojos, sintió que le tenían una mano; la oscuridad era total. No movió ni las pestañas, pero, las rodillas le temblaban. Sintió que le oprimían la mano, ferozmente; otro garfio le apresó un seno; todos sus huesos fueron separados; algunos le fueron robados. Pero, sólo pudo dar un pequeño grito.

Cuando acudió la madre, vio a su hija, soltera, de treinta años, destrozada.

Y oyó pasos en las escaleras que bajaban a las profundidades de la tierra.

33

She leaned back in her bed a bit. She was afraid, horribly afraid, she'd always been afraid. She knew that the Great Mouse had not died; she knew it was a lie that the Spirit of the House had never existed, as her mother was now so keen to tell her. And that afternoon the West Wind was black, and the children coming home from school were half-masked; she herself had seen costumes on the floor, masks, extremely old things belonging to the houses of the past, things she didn't dare to look at twice, much less touch.

In the depths of the rooms, her mother was making something, sweets, cakes; her father was counting the olive jars. When night fell completely, the dinner bell rang, muffled. Like a sleepwalker she stepped into the dining room; she ate something, an egg, some wine; she went back to her room, looked under the bed, in the closets, she prayed, lay down; her mother came in, turned off the lamp, the lantern, and left. The girl remained there, frozen in terror, but half an hour later she'd fallen asleep. When she opened her eyes, she felt that they'd grabbed one of her hands. In total darkness, she didn't even move her eyelashes, but her knees were trembling. She felt them crushing her hand, viciously; another hook seized her breast; all her bones were divided; some were stolen. But she could only let out a tiny shriek.

When her mother came in, she saw her daughter, unmarried, thirty years old, ripped apart.

And on the stairs she heard footsteps going down to the depths of the earth.

The Native Garden is in Flames

Está en llamas el jardín natal

[1971]

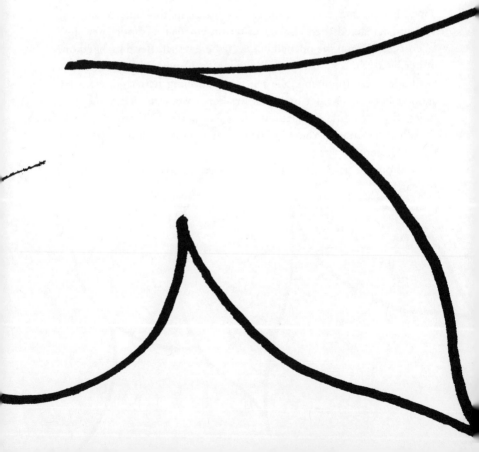

1

Fui desde mi casa, a la casa de los abuelos, desde la chacra de mis padres a la chacra de los abuelos. Era una tarde gris, pero, suave, alegre. Como lo hacían las niñas de entonces, me disfracé para pasar desapercibida, me puse mi máscara de conejo, y así anduve entre los viejos peones y los nuevos peones, saltando crucé el prado y llegué a la antigua casa. Recorrí las habitaciones. Todos estaban felices. Era el cumpleaños de alguien. Por los cuatro lados habían puesto jarritas de almíbar y postales. En medio de la mesa, una exquisita ave, un muerto delicioso, rodeado de lucecillas. El abuelo que siempre estaba serio, esta vez se sonreía y se reía; y antes de que bajase la tarde, me dijo que fuera con él al jardín, y que iba a mostrarme algo. Ya allá arrojó al aire una moneda; yo la vi rebrillar, al caer se volvió un caramelo, del que, enseguida, salió una vara larga y florida como un gladiolo, a cuya sombra yo me erguí, y que creció aún más, después, y duró por varias semanas.

Yo soy de aquel tiempo,
 los años dulces de la Magia.

1

I went out from my house to my grandparents' house, from my parents' farm to my grandparents' farm. It was a gray afternoon, but mild, joyful. As the girls of the past would do, I disguised myself so as to pass unnoticed; I put on my rabbit's mask and walked among the old and new farmhands, jumping across the meadow and reached the old house. I wandered through the rooms. Everyone was happy. It was somebody's birthday. On all four sides they had placed jars of syrup and postcards. In the center of the table, an exquisite bird, a delicious corpse surrounded by little lights. My grandfather, who was always serious, was smiling and laughing this time, and before evening fell he told me to go with him to the garden, that he was going to show me something. And there he threw a coin in the air. I saw it shining; when it fell, it changed into a piece of candy, from which a long, flowered gladiolus stem immediately grew, and I stood in its shadow, and it grew even more, and it lasted for weeks and weeks.

I am from that time,
        the sweet years of Magic.

2

Recuerdo mi casamiento, realizado remotamente; allá en los albores del tiempo.

Mi madre y mis hermanas se iban por los corredores. Y los viejos murciélagos —testigos en las nupcias de mis padres— salieron de entre las telarañas, a fumar, descreídos, sus pipas.

Todo el día surgió humo de la casa; pero, no vino nadie; sólo al atardecer empezaron a acudir animalejas e increíbles parientes, de las más profundas chacras; muchos de los cuales sólo conocíamos de nombre; pero, que habían oído la señal; algunos con todo el cuerpo cubierto de vello, no necesitaron vestirse, y, caminaban a trechos en cuatro patas.

Traían canastillas de hongos de colores: verdes, rojos, dorados, plateados, de un luminoso amarillo, unos crudos; otros, apenas asados o confitados.

El ceremonial exigía que todas las mujeres se velasen —sólo les asomaban los ojos, y parecían iguales—; y que yo saliera desnuda, allí bajo las extrañas miradas.

Después, sobre nuestras cabezas, nuestros platos, empezaron a pasar carnes chisporroteantes y loco vino. Pero, bajo tierra, la banda de tamboriles, de topociegos, seguía sordamente.

A la medianoche, fui a la habitacion principal.

Antes de subir al coche, me puse el mantón de las mujeres casadas. Los parientes dormían, deliraban. Como no había novio me besé yo misma, mis propias manos.

Y partí hacia el sur.

2

I remember my wedding, which took place far away, back at the dawn of time.

My mother and sisters were moving through the corridors. And the old bats—witnesses to my parents' marriage—flew out from among the cobwebs to smoke, unbelieving, their pipes.

All day long smoke floated out from the house, but no one came; only at nightfall did the animals and incredible relatives arrive from the most hidden farmhouses; we knew many of them only by name, but they'd heard the signal; some were so covered with hair that they needed no clothing, and they crawled on all fours. They brought baskets of colored mushrooms—green, red, gold, silver, luminous yellow; some raw, others slightly roasted, candied.

The ceremony required all the women to wear veils—only their eyes could show, so they all looked alike—and that I come forth naked under their strange stares.

Afterwards, sizzling meat and wild wine flew over our heads, our plates. But under the ground, the band of little drummers, of blind moles, played on, deafly.

At midnight, I entered the main bedroom.

Before getting into the cart, I wrapped myself in the shawl of a married woman. My family slept, raving. As there was no groom, I kissed myself, my own hands.

And I took off toward the south.

3

Una tarde en que llovía misteriosamente sobre las cosas, y andaban por el jardín los cangrejos con su piel patética, y los hongos venenosos echaban un humo gris, y habían venido las vecinas, al través de las plantas todo mojadas, de los tártagos de ásperos perfumes, a visitar a mi madre, y estaban, de pie, riéndose, cada una con una langosta en el hombro, verde, brillante, recién caída del cielo, un caracol de azúcar; pero, sin darse cuenta de nada, se reían, y mi madre les contestaba riendo. Las vecinas con sus altas coronas de piedras de agua, parecían unas reinas salidas de la laguna, de lo hondo del pastizal.

Y yo, sin rumbo, allí, avanzaba, retrocedía, iba hasta la casa, salía, mirando pasar la lluvia, las nubes, la historia del jardín.

3

One afternoon it rained mysteriously over things, and the crabs with their pathetic skin were crawling through the garden, and the venomous mushrooms were emitting a gray smoke, and the neighbors had walked across the field of wet plants, the bitter-perfumed mole plants, to visit my mother, and they stood there, laughing, each one with a lobster on her shoulder—green, shining, recently fallen from the sky, a sugar snail; but, without realizing anything, they laughed, and my mother answered them with laughter. The neighbors with their tall crowns of water stones looked like queens come out of the lagoon, from the depths of the weeds.

And I was advancing, retreating, with no direction, going toward the house, leaving, watching the rain fall, the clouds, the history of the garden.

4

El carnaval nos llegó, apenas; allá en nuestro amado territorio.

Los arvejos ardían cargados de frutitas y de flores, y la papa de largo cuerno, y los boniatos rosados y peludos; y por el aire caminaban, tranquilas, las arañas; algunas como gotas de miel, pero, otras, de media negra y de plumón hasta piaban. Y la cala silvestre, con sus ojos y su barbijo. Y los grandes animales, de piedra y lana. Y estaba la casa. Sólo había dos hogares en la inmensa región. El nuestro y "el otro". Nuestra familia y "la otra"; así nos denominábamos mutuamente.

A veces, cambiábamos un emisario, una liebre; o decíamos: Llueve "allá".

Pero, pasaban años sin que nos viésemos. Los niños casaban bien pronto, con sus propias hermanas. Cuando la sed y el hambre eran terribles, se cercaba a un miembro de la familia, se le asaba; y la vida seguía.

Ahora era carnaval y el atardecer. Llegó un individuo de la otra casa. No se sabía si hombre o si mujer; pues, venía envuelto en un sayón y una máscara de cuernos largos como varas. Cenó, boniatos, arañas. Le preguntamos sobre lo que había ocurrido allá en esos últimos veinte años. Sacó un pliego, leía; pero, a veces, decía de memoria. Nos contó todos los velorios y los casamientos; las bodas y los asesinatos.

Bebió vino de raíces y durmió; luego, despertó, vívido, enamorado, y antes de que pudiéramos detenerle tomó a una de nuestras hermanas pequeñas, –Olavia, de nueve años–, y huyó con ella, tierra arriba; íbamos a buscar las flechas y las mazas; pero, él huía, la besaba, la abrazaba, le quitó la piel que la había abrigado casi desde su nacimiento; en un escondrijo la violó; ya en lo alto clavó una pica y una piedra, les puso su propio sayón y su máscara como techado.

Y así, comenzó la tercer casa.

4

The Carnival barely arrived, there in our beloved land.

The pea plants loaded with little fruits and flowers burned, and the long-antlered potato, and the pink, hairy yams; and in the air, the spiders walked, calmly; some like drops of honey, but others, black and downy, were even chirping. And the wild calla lily, with its eyes and its surgical mask. And the great animals, of stone and wood. And the house. There were only two dwellings in that vast region. Ours and "the other." Our family and "the other"; that was how we referred to each other.

At times, we would exchange an emissary, a hare; otherwise, we would say, "It's raining 'over there.'"

But we went for years without seeing each other. The children married their own siblings at a young age. When hunger and thirst became unbearable, a family member would be surrounded, then roasted, and then life would go on.

Now, it was Carnival and nightfall. Someone from the other house arrived. We couldn't tell if it was a man or a woman, wrapped in a cloak and a mask with antlers as long as stems. It ate yams, spiders. We asked it what had happened over there during the past twenty years. It took out a sheet of paper and read, but also recited by heart. It told us of all the deaths and marriages, weddings and murders.

It drank root wine and fell asleep; later, it awakened, alive, in love, and before we could intervene it grabbed one of our little sisters—nine-year-old Olavia—and ran off with her to higher ground; we dashed off to fetch our arrows and clubs, but it fled, kissing her, hugging her; it stripped her of the skin she'd worn since birth; it raped her in its hiding place, and in that high spot it nailed a pike and stone, then made a roof of its own cloak and mask.

And thus began the third house.

5

Me acuerdo de la casa, —no sé por qué, de los días de tormenta—, cuando volvía de la escuela, casi huyendo, o no me dejaban ir a la escuela, y mamá, de pie, llamando a la pollada, las gallinas que cruzaban el jardín con las alas abiertas, seguidas por sus pollos de colores, rosados, celestes, amarillos, aquel alucinante pío-pío, y las nubes insólitas y grises, que, por un instante, barrían la huerta —los duraznos de mantón florido, los ciruelos de frío azúcar— y la devolvían enseguida, transparente bajo la lluvia, el arcoiris, casi al alcance de la mano, todo de menta, de pimpollos.

Y las noches de los días de borrasca, con el aire diáfano, cuando se hacían visibles los animales del monte, la zorra que ladraba y se reía, la comadreja y su canasto de hijos, que llegaban adentro mismo de la casa y nos robaban un bicho, un pedazo de cuero.

Y las horas deslizándose, mudas, después.

Y yo, allí, de pie, inmóvil, en el umbral, esperando no sé qué, que algo cayese del cielo, está en llamas el jardín natal.

5

I remember the house—I don't know why, but on the stormy days—when I returned from school, almost fleeing, or when they didn't let me go to school, and Mama, standing, called out to the brood, the hens that crossed the garden with open wings, followed by their colorful roosters, pink, blue, yellow, that hallucinatory crowing and the odd gray clouds that swept away the farm for an instant—the peaches with their floral shawls, the plums of cold sugar—and gave it back immediately, transparent under the rain, the rainbow, almost at arm's reach, made of mint, of buds.

And the nights of the stormy days, the diaphanous air when you could see the forest animals, the fox that yapped and laughed, the weasel and its basket of babies that came right into the house and stole a creature, a piece of leather.

And afterwards, the mute hours sliding past.

And me, standing there, immobile on the threshold, waiting for I don't know what, for something to fall from the sky, the native garden is in flames.

6

Pasaban las nubes, cándidas, lanares, sobre el cielo azul y casi negro. Y ella en el bosque de manzanos; había huido de la casa sin quererlo, como una sonámbula. Los manzanos ardían con un aroma de antiguo azúcar, de miel de lilas. Y ella con esa malla pequeña, esa túnica que no le cubría un seno, que se le asomaba como un hongo comestible, que se pudiera comer crudo. Pero, el corazón estaba helado, latía apenas. Rememoró todo lo de la casa. El padre, rey pastor: la madre y las hermanas, un poco rosadas, bajo la diadema, las espigas; ella aún no tenía veinte años y nunca se había casado. Cómo empezó todo; aquella tarde, mientras cenaban en el jardín, de pronto, vino el pájaro negro, cayó el vencejo, justo sobre su hombro, todos la miraron aterrorizados, del cielo había caído el mandato, y en el aire se vio bien patente el sacrificio.

Ahora, las nubes rodaban sobre la tierra, dejó el manzano, empezó a andar ella también como una nube, entre las plantas, como un sahumerio, vio las tumbas, rodeadas de flores, de fragantes espárragos; caminó ciegamente, con los ojos bien abiertos. Llegó al altar, el dios la miró con su rostro eterno, se reclinó, veía arder la miel, la leche, la manteca.

El padre vino, al través de toda la tierra, de todas las plantas, se arrodilló, la besó casi. Ella aún podría huir, al fin y al cabo, los límites eran casi precisos, y más allá había otros prados y otros reyes, que, tal vez, la cobijaran dulcemente, y para toda la vida. Pero, de una cosa estaba bien segura; jamás iba a dar un solo paso más allá de la propiedad familiar. El padre la abrazó, recordó la noche en que la había engendrado, el pequeño grito de la entraña en que ella empezó a nacer, miró las estrellas de donde había manado la orden, la besó casi como a una novia, en los labios, en el seno desnudo como un hongo, y la mató.

6

The snow white, woolly clouds floated through the blue, almost black sky. She stood in the grove of apple trees; she had fled from the house without meaning to, like a sleepwalker. The apple trees were burning with the scent of ancient sugar, the honey of lilacs. And she with that tiny camisole, her tunic that left one breast bare, poking out like a mushroom, ready to be eaten raw. But her heart was frozen, barely beating. She remembered that whole thing about the house. Her father, the king shepherd—her mother and sisters, a little pink beneath their diadem, their spikes. She was not yet twenty and had never been married. Thus it all began, that afternoon while they were eating dinner in the garden; suddenly, the black bird arrived; the swift fell down, right on her shoulder; everyone looked on in terror; the order had come from the sky; the sacrifice could be seen clearly in the air.

Now, the clouds were circling over the land, and she left the apple grove; she began to move as a cloud, as incense among the plants; she saw the tombs surrounded by flowers, by fragrant beds of asparagus; she walked blindly with wide-open eyes. She reached the altar, where the god stared at her with his eternal gaze; he reclined at the sight of the burning honey, milk, butter.

Her father came, having crossed all the land, all the fields; he knelt down and nearly kissed her. She could still run away, once and for all; the boundaries were clear, and beyond them lay other fields and other kings, who perhaps would take her in sweetly, shelter her for life. But she was sure of one thing: she was never going to take a single step beyond the family property. Her father embraced her; he remembered the night when he had conceived her, the tiny, the cry from the gut as she began to be born; he looked at the stars that had sent the order; he kissed her almost as if she were his bride, on her lips, on her breast that was naked, like a mushroom, and he killed her.

7

Aquella mañana de junio, de mi cumpleaños, no sé si ocho o nueve años, cálida como de primavera, venía la fragancia de los árboles; algunas de las arañas de mi madre le tejían otro par de medias de plata; andaba el gigante; de tanto verle, casi no le hacía caso. En cierto modo custodiaba la huerta, molestaba poco, casi siempre en su pequeño predio dentro del nuestro, en su trabajo de hornos; estaba allí desde tiempos inmemoriales; a veces, recibía visitas, porque había otras chacras con otros gigantes; ese día se acercó demasiado, me miró, creo que hasta dijo algunas palabras como golpes dados con las ramas. Yo me azoré, le seguí alrededor del jardín. Cuando entré vi que estaba la abuela, hablaba con mamá, de plantas, de copas, de cocina. Fui a espiar, otra vez, el canasto de masas que había llegado del pueblo, levanté el velo. Allí seguían los extraños seres, rojos, granates, celestes, con sus ojos de licor, sus dientes de purísima almendra, esos pocitos de miel, esos castillitos de azúcar; se me ocurrían cosas muy raras, me daba por ponerles nombres, hablarles, ponerles números, parecían bichitos de colores, cajitas de nácar, lamparillas. Mamá dijo: —Ven acá, Rosamaría, no toques eso.

Y yo no iba a hacerlo. Me acerqué, a mi madre, a mi abuela. (Yo sólo era una pequeña niña con una corona de trenzas). Ellas hablaban de cosas remotas, siempre las mismas, con el mismo entusiasmo.

Salí otra vez al jardín. El gigante ya se había ido; una araña audaz tejía cerca de los claveles. Estaban las otras chacras y la soledad.

7

On that June morning, my eighth or ninth birthday—I don't know which—warm as spring, came the fragrance of the trees; some of my mother's spiders were knitting her another pair of silver socks; the giant was walking around; having seen him so often, I barely noticed him. In some sense he was the orchard's guardian; he caused little trouble, almost always in his little area of our property, working with the ovens; he'd been there for ages; sometimes, he received visitors, for there were other farmhouses with other giants; that day he came too close to me; he looked at me; I think he even said some words like blows delivered with branches. Embarrassed, I followed him around the garden. When I went in I saw that my grandmother was there, talking to Mama about plants, cups, cooking. Once again, I went to check out the baskets of pastries that had come from town; I lifted the cover. There I saw strange beings, red, purple and azure with eyes of liquor, teeth of purest almond, those little wells of honey, tiny sugar castles; strange things occurred to me; I gave them names; I talked to them; I assigned them numbers; they looked like little colored animals, mother-of-pearl boxes, miniature lamps. Mama said, "Come here, Rosamaría, don't touch that."

And I was not going to do it. I approached my mother, my grandmother (I was only a little girl with a crown of braids). They were speaking of faraway things, always the same, with the same enthusiasm.

I went back to the garden. The giant had gone; a bold spider was knitting among the carnations. There awaited me the other farms and loneliness.

8

Antes de que cayese la chimenea vieja y el viento se transformara en huracán, cuando todavía vivían las dalias en torno de la casa, negras y rosadas, (a veces, entraban al comedor y seguían allí, por varios días), una noche, oí en sueños, que llamaban, y desperté, y vi todas las puertas y las ventanas abiertas; otra vez, me había olvidado de cerrar la casa. El corazón quería huírseme; pero, estaba helado. No podría ocultarme bajo la manta, porque mi cabello aparecía siempre desde cualquier parte; fui en puntas de pie, hasta el ropero; pero, no iba a poder vivir allí, como las ratas, o las polillas de ojos negros y verdes alas, que yo conocía tan bien.

Y no me era posible volar; alguna vez, logré izarme sobre los árboles y descender en otra parte; pero, en ese instante, los brazos se me caían inertes. Pensé desesperadamente, en papá, en mamá, en mi hermana, que me habían abandonado allí hacía tanto tiempo, sin que yo supiese por qué; pasé la ventana bajísima, salí al jardín; pero, quien había llamado estaba atento a todo; las dalias notaban su extraña presencia, y rugían, se topaban, como perros, le ladraban. Yo empecé a huir, a esconderme tras de las flores, los troncos, las matas, empecé a llamar a mi padre, a mi madre, desaforadamente; pero, mi voz no tenía sonido. Corrí un poco, caí de rodillas, de bruces. Se oía el ladrido de las dalias, un paso impresionante.

8

Before the old chimney fell and the wind turned into a hurricane, when the pink and black dahlias still lived around the house (sometimes, they entered the dining room and stayed there for several days). One night, I heard them calling to me in my dreams, and I awakened to find all the doors and windows open; once again I'd forgotten to lock the house. My heart wanted to run away, but it was frozen. I could not hide under the blanket because my hair always stuck out; I tiptoed toward the wardrobe, but I could not live there like the rats, or like the black-eyed, green-winged moths I knew so well.

And it was not possible for me to fly; one time, I managed to hoist myself above the trees and climb down the other side, but in that instant, my arms became inert. I thought desperately of Papa, of Mama, of my sister, that had abandoned me for so long, without me understanding why; I stepped through the lowest window, I went out to the garden, but the one who had called me was aware of everything; the dahlias noticed his strange presence and roared, they bumped into each other, like dogs, they barked at him. I began to run away, to hide behind flowers, trunks, shrubs; I began to call out in desperation to my father, my mother, but my voice gave off no sound. I ran a little; I fell to my knees, flat on my face. You could hear the bark of the dahlias, powerful footsteps.

9

Una noche desperté sentada en el lecho, helada, en esa casa donde me habían abandonado hacía tanto tiempo. Y él, ya estaba entrando, por tres ventanas, a la vez, su triple presencia; le vi el mantón como una cauda, un ala, el rostro desierto. Mi pequeña faz se congeló. Pensé en conjurarlo de algún modo, exorcizarlo; tal vez, algún efluvio de la infancia le detuviese, un grito, pensé en recuerdos, platos blancos, sábanas blancas, oréganos, violetas. Tal vez, pudiese fingir que era más grande y desafiarlo. Pero, él estaba allí, erguido, como tres caballos. Inmóvil, e impaciente; en sus tres lugares.

9

One night I woke up seated in my bed, frozen in that house where so long ago they'd abandoned me. And he was already coming in through three windows at once, his triple presence; I saw his cloak like a tail, a wing; his desolate expression. My little face froze; I thought about putting some spell on him, exorcising him; perhaps, some childish sound, some cry would bring him to a halt. I gathered my memories, white dishes, white sheets, oregano, violets. Perhaps I could pretend I was older and fight him. But there he was, upright like three horses. Immobile and impatient in his three places.

10

A veces, cuando el verano se volvía demasiado intenso, –era todavía una niña, en la edad del huerto– armábamos los lechos, fuera; entonces, todo parecía tan extraño. Mis familiares volaban un poco; pero, luego, se adormecían; yo quedaba escudriñando el cielo; por entre las estrellas, las antiguas naves seguían su lid. O me sobresaltaba el galope de un caballo a lo lejos, muy a lo lejos, el ladrido de los perros, en un lugar sin nombre, su eterno canto. Y estaban la hierba salvaje, el orégano, la violeta, la gallina blanca que pone un huevo negro, tal vez, desde allí –quizá– saldría un perrito, una criatura humana; un viejo pariente podría resucitar de allí.

Pero, más allá del hechizo familiar, todo se cumplía otra vez, la noche era infinita y azul y las naves partían. A la guerra de Troya.

10

Sometimes, when summer became too intense—I was still a child, in the age of the orchard—we made the beds outside; then, everything seemed so strange. My relatives flew a little, but then they fell asleep; I kept scrutinizing the sky; among the stars, the ancient ships continued their fight. Or else I was startled by a horse that galloped in the distance, far, far away, or the dogs that barked their eternal song in a nameless place. And there was the wild grass, the oregano, the violets, the white hen that lays black eggs, perhaps from there—perhaps—a little dog would emerge, a human being; perhaps from there some old relative would return to life.

But beyond the usual magic spells, everything was fulfilled again; the night was blue and infinite, and the ships were setting off. To the War of Troy.

11

El zapallo estaba allá, pesado, quieto. Parecía una luna antigua y perfumada. El mismo de cien años antes y el nacido ayer. Las luciérnagas, rompían a cada segundo el aire inmortal.

Salía humo de las dos casas. De la de él, con picos rojos; de la mía, con torres negras. Era la hora de los panes y de la lámpara. A veces, nos huíamos de nuestros padres –él y yo– y tomados de las manos íbamos al través del aire oscuro hacia el pie del huerto, a besarnos levemente, arriba de los labios.

El zapallo estaba allí, dormido a todo; pero, al vernos, daba un salto.

11

The squash was there, heavy, still. It looked like an ancient, perfumed moon. The same one from a hundred years ago, the one born yesterday. Each second more fireflies broke the immortal air. Smoke emerged from both houses. From his, with red gables; from mine, with black towers. It was the hour of loaves and lamps. At times, we fled from our parents—he and I—and, hand in hand, flew through the dark air toward the edge of the orchard. There, we kissed each other lightly, just above the lips.

The squash was there, fast asleep; however, seeing us, it jumped.

12

Cuando nos mudamos a aquella casa; al amanecer frío y todo mojado. Mi hermana y yo, y papá y mamá. Y los tártagos con sus semillas, sus racimos de áspero perfume, que nos prohibieron tocar. Y la casa, azul, allí, en el medio.

Íbamos por la arena mojada, los pedruscos, los vidrios rotos, las botellas; y las "viudas" ponían por todos lados sus flores lúgubres. Y como lloráramos un poco, nos hicieron un ramo de "viudas", de verdolagas y de ortigas. Y nos llamaron dentro y nos sentaron en dos sillas iguales como a dos muñecas. Y allí estuvimos mi hermana y yo, un largo instante, llorando un poco, con un ramo de yuyos en la mano, sin pensar en nada, ajenas por completo a todo; al Destino que observaba de lejos como un pájaro.

12

When we moved to that house, to the dawn cold and all wet. My sister and I, Papa and Mama. And the mole plants with their seeds, their clusters of bitter perfume, which we were forbidden to touch. And the house, blue, there in the middle.

We walked across wet sand, rough stones, broken glass, bottles; the "widows" were placing their gloomy flowers everywhere. And since we were crying a little, they made us a bouquet of the "widows," of purslane and nettles. And they called us inside and gave us two seats, as if we were two dolls. And we stayed there, my sister and I, a long time, crying a little with a bouquet of weeds in hand, thinking of nothing, completely removed from everything, from the Destiny that watched us from afar like a bird.

13

Por diciembre y enero ardían los laureles; unos blancos, otros rosados. Atraían a todas las abejas de la tierra y a algunas de otro planeta. Anegaban la cocina, la escuela y el altar. Por todas partes, jarras de miel, de vino de laurel.

En la noche seguían ardiendo, blancos y rosados, como si los alumbrase un farol. Acudían avecillas, pequeños ángeles que rondaban las ramitas, las libaban, las adoraban; almas ya del otro mundo que hacían un barullo extraño, semejante a la vida, como si fueran, de nuevo, a encarnarse.

13

In December and January the laurels burned—some white, others pink. They attracted all the earth's bees and some from another planet. They inundated the kitchen, the school, and the altar. On all sides, jars of honey, of laurel wine.

At night they kept on burning, white and pink, as if a lantern were shining. Little birds came, little angels that encircled the branches, sucking them, adoring them; souls from the other world that still were making a strange noise, as if still alive, as if becoming incarnate again.

14

Como siempre en el verano, después del almuerzo, dormitábamos un poco. Allí, los padres, los abuelos, las hermanas de mi madre, las criadas. A las niñas, despeinadas y desnudas, se les sobresalían de la espalda los huesos angelicales. Anduve en puntas de pie, entre los dormidos, espié la calleja, no venía nadie. El viento golpeaba, como siempre, las magnolias y los techos. Pero, me acerqué al limón; allá seguía con sus azahares y sus limones. Y más allá empezaba el predio de retamas, el negro bosque que se fuera construyendo a sí mismo por años, y al que, espantados, nos habíamos propuesto no cruzar jamás. Pero, esa vez, el corazón estaba decidido. Sin pensar en nada, empecé a andar, a abrir las ramas; anduve no sé qué tiempo; se me cruzaba algún pavo salvaje con la cara de fuego, algún ratón blanco como un nardo. Abría las ramas. Al fin hallé un claro. Me detuve; traté de retroceder; tal fue mi asombro. Una familia estaba acampada allí; preparaba sus guerras nocturnas, sus cazas, sus manjares. Después, la sangre se me paró, se me heló. Vi que aquella familia era la mía. Divisé a los padres, los abuelos, las criadas, estaban todos los individuos de mi casa; me vi a mí misma. Llamé "Rosa". Pero, cuando la niña fue a mirarme mi corazón se echó a temblar, a redoblar como una campana, y entonces, me volví, empecé a huir, crucé con los ojos cerrados, bien abiertos, todas las retamas, las frías ramas, el naranjo, el umbral. Casi todos dormían todavía. La abuela ya estaba en pie; preparaba la merienda, los vasos de almíbar, de licor; tal vez, viniese alguien de visita. Logré sobreponerme un poco. Me le acerqué. Le dije: Mira, allá está ocurriendo algo.

Ella, con una voz increíble respondió: —Yo ya lo sé.

14

As always in summer, we slept a little after lunch. There, my parents, my grandparents, my mother's sisters, the servants. The girls were naked, their hair ruffled; their angelic bones stuck out from their backs.

I walked on tiptoe among the sleepers, glanced down the lane; no one was coming. The wind, as always, was beating the magnolias and the roofs. But I approached the lemon tree; there it kept on with its blossoms and lemons. And further in the distance began the broom thickets, the black forest that had been building itself up for years, the property which we, horrified, had resolved never to enter. But at that time, my heart was decided. Thinking of nothing, I began to walk, pushing aside the branches; I went on for I don't know how long; some wild turkey with a face of fire crossed my path; some mouse, white as a spikenard, passed me. It opened its branches. At last I came upon a clearing. I stopped and tried to retreat; such was my amazement. A family was camped there, preparing for its nocturnal wars, hunts, meals. Then, my blood stopped flowing; it froze. I could see that this family was mine. I made out my parents, my grandparents, the maids; all the members of my household. I saw myself. I called out, "Rose." But when the child turned to look at me my heart began to tremble, to swing like a bell, and then I turned and began to run; I fled with my eyes closed, wide open, past all the broom trees, the cold branches, the orange trees, the threshold. Almost everyone was still asleep. My grandmother had already awakened and was preparing the tea, the glasses of syrup and liquor; perhaps someone was coming to visit. I managed to pull myself together a bit. I approached her and said, "Look, something's going on over there."

In an incredible voice, she responded: "I already know."

15

A veces, en la madrugada, llovía dulcemente, y parecía que un enjambre caía del cielo, que los muertos volvían a la vida, que todo estaba bien.

Yo me asomaba a la ventana, y a la media luz, ya todas las hojas eran granates y amarillas, livianas y fragantes; como uvas o amapolas.

Y entre los grandes árboles, los monjes en sus casetas, pequeñas, entre las ramas. El nuestro salía a mirar la lluvia, los relámpagos, a anotar en su Cuaderno del Tiempo, el monje de astas larguísimas y sedosa pelambre.

Y yo volvía al lecho, a dormirme sobre la blanca almohada, a soñar que Mario estaba allí.

Volvía a mi antiguo y escondido mundo en llamas.

15

Sometimes at dawn, it rained sweetly, and it seemed that a swarm was falling down from the sky, that the dead were returning to life, that all was well.

I leaned out the window, and in the half light the leaves were already crimson and yellow, light and fragrant like grapes or poppies.

And among the tall trees, the monks in their huts, small, among the branches. Ours came out to look at the rain, the lightning, to take notes in his Weather Notebook, the monk with the longest antlers and silky tresses.

And I went back to bed, to fall asleep on my white pillow, to dream that Mario was there.

I returned to my ancient, hidden world in flames.

16

Arriba, las viejas centelleantes seguían su murmurio.

Había jazmines, espuelas, y el rumor de una guerra insólita, que se había desparramado, nadie sabía por qué, de sur a norte, de este a oeste. Cada uno desconocía todo, sólo que estaba en guerra, que iba a matar, y que iban a matarlo.

Pasaban las caballerías de liebres, de grandes conejos, sobre el lugar donde los murciélagos tenían el campamento.

Todos deseaban la sangre de los otros.

Por suerte, aún, las lechugas ardían dulcemente, y el rocío seguía manando sin pausa como la luna.

Pero, mamá se asomó por entre los crepitantes saleros. Y antiguos parientes, finados ya, se salían de la pared, hablaban con mamá, querían, a toda costa, participar en las guerras.

16

Overhead, the old sparkling ladies continued their murmuring.

There were jasmines, spurs and whispers of an uncommon war that had spread—no one knew why—from south to north, east to west. Everyone ignored everything except the fact that they were at war, that they were going to kill, and others were going to kill them.

The battalions of hares and great rabbits passed by the place where the bats had set up camp.

Everyone wanted the blood of the others.

Fortunately, the lettuces burned sweetly, the dew flowed on, unceasing like the moon.

But Mama leaned out through the crackling salt shakers. And ancient relatives, already dead, were coming out from the wall, speaking with Mama; they wanted, at any cost, to participate in the wars.

17

Estaba soñando que tenía dieciséis años, allá en la casa... Me senté en el viejo sillón, en el lugar que era más mío, en el dormitorio, con el delantal a rayas y el pelo suelto; mamá estaba allí, de pie; había venido visita, y la habíamos acompañado hasta el linde del bosque.

Y ya era el atardecer; pasaban las nubes grises y doradas; iba a llegar la noche, y lloviznó un poco, y como siempre, ocurrió un milagro; un hongo nació de pronto, cerca de nosotras; una cucaracha, ya muerta, volvió a andar.

17

I was dreaming that I was sixteen years old, there in the house... I sat in the old chair, in the place that was most mine, the bedroom, with my striped apron and loose hair; Mama was standing there; a visitor had come, and we had walked with her to the edge of the forest.

And it was already dusk; the gray and golden clouds were floating by; night was about to fall; it was drizzling a little, and, as always, a miracle occurred; a mushroom sprouted suddenly, close to us; a cockroach, already dead, started walking again.

18

Recuerdo cuando se realizaban las fiestas en el caserón; al comienzo del otoño, del verano, o sin motivo alguno, mamá, de pronto, enviaba una carta casi secreta a todas sus amigas, sus amigos; y éstos acudían cruzando la noche; algunos, enmascarados, otros con el rostro desierto, entraban a la casa; los primeros colgando de la puerta, ceremoniosamente, sus grandes antifaces. Mamá encendía todas las cajas de fuegos por el comedor, los dormitorios, y se realizaba la cena, se bebía vino, café hirviente, charlábamos sin cesar. A veces había algun invitado irreal; una vez, entre los comensales estaba el dios de las frutas y charlaba con los otros hombres como si él también fuese un hombre; pero, de pronto todos nos callábamos, mirándole la alta y casi incierta corona de guindas. Teníamos sueño, miedo, frío, y nos dormíamos unos en brazos de los otros, hasta que llegaba el alba, y se entreabría la puerta, y los enmascarados salían, se iban por el rocío, al lado de los conejillos que les seguían alucinados y sin saber adónde. Y el dios también se iba, abría las alas, se volvía, levemente, otra vez, hacia las frutas.

18

I remember when parties took place in the great house; at the start of autumn, or summer, or without any reason, Mama suddenly sent out an almost secret letter to all her friends, and they came across the night. Some entered the house wearing masks, others bare faced; the first ones ceremoniously hung their great masks at the door. Mama lit all the fireplaces in the dining room, the bedrooms, and the dinner took place; we drank wine, boiling coffee; we chatted without end. Sometimes an unreal guest arrived; one time, the fruit god sat among us and chatted with the other men as if he too were a man, but suddenly, we all fell silent, staring at his tall and unsteady crown of cherries. We were tired, afraid, and cold, and we slept in one another's arms until the dawn arrived, and we opened the door, and the masked guests left, went out into the dew, alongside the rabbits who were hallucinating and did not know where they went. And the god also left; he spread his wings and turned around, lightly, once again toward the fruits.

19

Transcurría otra deliciosa noche de los huertos.

La luna andaba por todo, y los mamíferos voladores se veían, nítidamente; así las ratas con alas de paloma, casi al alcance de la mano; todas las cosas eran susurrantes y con gusto a azúcar, y al alcance de la mano. Me posé en la ventana, y vi que mi padre tenía las alpargatas irisadas, y los redondos jazmines varones iban hacia las jazminas aleteantes.

Pero, todos en la casa éramos un poco sonámbulos, aunque nadie lo sabía, y en la noche, nos levantábamos a trabajar, hacíamos el trabajo del día, mamá cocinaba; se cortaban las frutas, las hierbas, se proseguía el tejido, el arado; a veces, nos deteníamos como si fuéramos a despertar, pero, seguíamos trabajando, y a la mañana, mirábamos todo lo hecho con un poco de miedo y de vergüenza.

Pasaba otra noche susurrante.

Y oí rumor en el huerto vecino, y me posé en la ventana —ellos también andaban levantados—, y vi el paraíso de hojas fosforescentes y la horca que subía, y el hombre que habían traído, ya visto por mí otras veces, y cómo lo engarzaron, y cómo todo se hamacó por un instante, y se quedó inmóvil.

Y después nadie nunca habló de eso.

19

Another delicious night was lapsing in the orchards.

The moon was moving through it all, and the flying mammals were clearly visible, as were the dove-winged rats, so close by; everything was whispering and sugary and at arm's reach. I stood in the window, and I saw that my father had iridescent slippers, and the round male jasmines were moving toward the fluttering female ones.

But everyone in the house was a bit of a sleepwalker, even though no one knew it, and at night we'd get up to work, performing the chores; Mama cooked, peeled the fruits, cut the herbs; we carried on with the sewing, the ploughing; at times we stopped as if about to awaken, but we kept on working, and come morning, we looked at what we'd done with a little fear and shame.

Another whispering night went by.

I heard a sound in the neighboring orchard, and I stood in the window—they too were walking around awake—and I saw the paradise tree with phosphorescent leaves and the raised pitchfork, and the man they had brought, the man I'd already seen other times, and how the rope was placed around his neck, and how everything swung for a moment, then stayed still.

And afterwards no one ever spoke of that.

20

Antes de ir a la escuela, Papel y Alberta recorrieron el jardín. Era al alba y las dalias asomaban por todos lados, entre dulces y tenebrosas, y los espumantes huevos prometían entreabrirse y dar a luz más flores y más pájaros.

Pero, las comadrejas, las liebres y las ratas permanecían aún en sus madrigueras, descansando de las correrías nocturnas, de todos los miedos y las acechanzas.

Papel y Alberta ataron los libros; desde la noche anterior habían resuelto que aquello tenía que acontecer. Se besaron levemente como finalizando un contrato. Un instante por el camino y estaban en el pastizal. La hierba maligna estiró sus hilos hasta el infinito, atando, de paso, a otros pastos. A veces, la hierba hablaba, decía algunas palabras en el mismo idioma de Papel y Alberta, de los padres y de los abuelos, pero, desfigurado. Ellos se quedaron un largo rato, inmóviles; luego, resolvieron pronunciar en voz alta lo que iban a hacer, y también sus nombres, el año escolar, la edad que tenían, el nombre de los padres. Pero, dicho todo esto, tuvieron un miedo horrible de que la hierba habladora lo hubiese aprendido y lo desfigurara.

Una hora más tarde estaban otra vez, en el camino. Por el cielo no pasaba nadie. Era tardísimo para ir a la escuela, y temprano, para volver a casa. Se ocultaron, de nuevo, en el pasto, por miedo a algún vecino o a algún pariente. Cerca del mediodía, como les acontecía siempre, aún estando en la escuela, les vino sueño y durmieron un poco sobre los libros. Más tarde regresaron lentamente a la casa. Se sentaron, vinieron los padres, los besaron, traían los vasos, los platos. Era un día de tantos. Pero, ellos miraban fijamente, al aire. Como si allí hubiese algo infame. Un animal sin cabeza.

20

Before school, Papel and Alberta walked around the garden. It was dawn, and the dahlias were sticking out on all sides, somehow both sweet and gloomy; the foamy eggs were promising to hatch and offer more flowers and birds to the light.

But the weasels, hares, and rats remained in their burrows, resting from their night journeys, from all their fears and threats.

Papel and Alberta tied up the books; the previous night they had resolved that it would have to happen. They kissed each other lightly as if finalizing a contract. One instant along the road, and they were in the pasture. The evil grass stretched its threads toward infinity, tying up other pastures along the way. At times the grass spoke; it said a few words in Papel and Alberta's own language—the tongue of their parents and grandparents—but distorted. They stayed a long while, immobile; later, they decided to declare aloud what they were going to do, as well as their names, their year in school, their ages, their parents' names. But all this said, they became terribly afraid that the talking grass had learned their words and distorted them.

One hour later they were on the road again. No one passed by in the sky. It was too late to go to school, and too early to go back home. They hid themselves, again, in the pasture, afraid of seeing some neighbor or relative. Around noon, as always happened to them, even when they were at school, they became tired and slept for a bit over their books. Later they slowly headed for home. They sat down; their parents came; they kissed them and brought out the glasses, the plates. It was a day like any other. But they stared intently, into the air. As if there were something vile there. An animal with no head.

21

De pronto, nacieron las azucenas: en el aire oscuro de la noche, del atardecer, abrieron sus caras blancas, sus fosas blancas, ¿que iba a hacer yo, con esa gente blanquísima? Me ocurrían cosas extrañas, silabeaba, deletreaba como si sólo tuviera dos o tres años, me parecía que veía, a lo lejos, flotar en el aire, a papá y a mamá, o que escuchaba conversaciones anticísimas en un idioma que sólo se conocía en la casa. Tal vez, me iba a morir. Me arrodillé, el cabello me cubrió el rostro; quise rezar y llorar. Pero, sólo me erguí, y con paso de bailarín, de sonámbula, llegué hasta la casa; mamá proseguía su eterna labor, pasé al través de las habitaciones, volando, logré izarme sobre las arboledas; me había vuelto un ser extraño, un monstruo, con muchas alas, volaba, planeaba, mirando siempre hacia allá, hacia el lugar donde habían nacido las azucenas.

21

All of a sudden, the lilies were born:
in the dark air of the night, of dusk, they revealed their white faces, their white nostrils. What was I to do with these white, white people?

Strange things occurred to me; I spoke in syllables; I spelled as if I were only two or three years old; it seemed I could see Papa and Mama in the distance, floating in the air, or that I heard the most ancient conversations in a language known only in my house. Perhaps I was going to die. I knelt, my hair covered my face; I tried to pray and to cry. But I only stood up, and with a dancer's or a sleepwalker's step I approached the house, where Mama was carrying on with her eternal labors; I moved through the rooms, flying; I managed to raise myself above the bushes; I had turned into a strange being, a many-winged monster; I flew, glided, always looking off that way, toward the place where the lilies were born.

22

Dios esta aquí.
Dios habla.
A veces en la noche, cuando menos espero, de entre las cosas, sale su cara, su frente, inmensa y diminuta como una estrella. Centelleante y fija.
Hace años que anda por la casa.
Allá en la infancia yo no me atreví a decirlo a nadie; ni a papá, ni a mamá; era como un cordero, una forma pavorosa, que se comía las hierbas, bramaba un poco, topaba la casa.
Una gallina blanca como la muerte,
como la nieve; o negra;
una gallina crucificada con las alas bien abiertas,
y el cuello manando sangre.
Él estuvo presente en la fiesta que dio mi madre –no sé por qué–.
Cuando vinieron todas sus amigas –de collares y coronas– y se sentaron en las habitaciones, y se les servía miel, vino, manzanas, otras confituras, nadie se fijó en un comensal de ojos inmóviles y grises.
Dios vuela un poco;
a veces, cruza volando la noche,
como si fuera a irse.

22

God is here.
God is speaking.
Sometimes at night, when I least expect it, his face appears among my things, his forehead immense and tiny like a star. Sparkling and steady.
For years he has been moving through the house.
In my childhood I did not dare to say anything to anyone, not to Papa, not to Mama; he was like a ram, a dreadful shape that devoured the grass, roared a little, knocking about the house.
A hen white like death,
as snow, or black;
a hen crucified with its wings spread wide open,
its neck oozing blood.
He was present at the party my mother gave—I don't know why.
When all my her friends arrived—with necklaces and crowns—and sat down in the rooms, all were served honey, wine, apples, other sweets; no one noticed another guest at the table, his eyes immobile and gray.
God is flying a little.
At times, he flies across the night,
as if he were going away.

23

Oh, volver a la propiedad familiar, a la tarde cruzar el campo donde la hortensia levanta su cara de humo, de pluma, su cabeza murmurante, su sombrero de vidrio, de turquesas, donde nace la honga feroz, la seta de venenosa espuma, cruzar los campos durmiendo, con los ojos bien abiertos, bien cerrados, sin equivocarse nunca, sin caer sobre las zarzas, las fogatas, los otros seres que van por el campo soñando, hasta aquella ciudadela siempre visible y perdida, entrar en ella, cenar, pecar furiosamente.

Años sin fecha, cerrados como pastos, la neblina.

23

Oh, to return to the family property, to cross the field in the evening where the hydrangea lifts its head of smoke, of feathers, its murmuring head, its hat of glass, turquoise, where the fierce mushroom is born, the toadstool of poisonous foam; to cross the fields sleeping with my eyes wide open, with my eyes closed, without making any mistake, without tripping over the brambles, the bonfires, the other beings who cross the field dreaming, toward that citadel always visible and lost, to go inside it, to eat dinner, to sin furiously.

Unnumbered years, closed off like pastures, fog.

24

Oh, los zorros, qué hermosos, ruego por ellos, nadie les toque el corazón con una bala, ni les queme o corte la dulce piel; que florezcan en la noche, sus palabras, un poco macabras, sus ladridos, que nos helaban un tanto, el corazón, cuando las dos éramos niñas —mi hermana y yo— allá en la casa de los eucaliptos.

Que prosigan sus burlas, sus vericuetos, sus hazañas nocheras.

A veces, en la sombra, dejo una cosa, para que ellos la roben, como si yo ya no habitara otro planeta.

24

Oh, the foxes, how beautiful; I plead for them, may no one pierce their hearts with bullets, nor burn nor cut their sweet skin, may their words, slightly macabre, blossom in the night, their barking that froze our hearts—my sister's and mine—when we were children in the house of eucalyptus trees.

That they'd go on with their tricks, their rough roads, their nightly exploits.

Sometimes, in the shadows, I leave something for them to steal, as if I could, as if I didn't already live on another planet.

25

Exactamente, después de la lluvia, llegaron los caciques. Habían venido viajando en sus canastas de flores. Se sentaron, allí, irónicos y sonriendo. En el aire brillábamos nosotras las niñas y las naranjas con sus copetes de fuego. Exactamente, después de la lluvia cayeron los caciques. Se burlaban de todo, de lo que hacíamos, de nuestra manera de vivir, de la jerarquía que creíamos poseer.

Nuestro padre, azorado, vino a saludarles; pero, ellos hablaban de otra cosa, en un idioma purísimo, que avergonzaba a mi padre. Por la brisa flotaba algún ratón confitado antiguamente, un higo, un alma. Era como si el cielo se hubiese desacomodado y tardara en ordenarse.

Y de pronto, se fueron los caciques.
Otra vez, sus caballitas con flores.

25

Immediately after the rain, the chieftans arrived. They had come flying in their baskets of flowers. They sat there ironic, grinning.

In the air we girls gleamed alongside the oranges with their fiery tufts. Immediately after the rain, the chieftans arrived. They laughed at everything, at what we were doing, at our way of life, at the hierarchy we thought we had.

Our father, stunned, came to greet them, but they were speaking of something else in a language so pure, that made my father ashamed. A mouse preserved long ago in a sweet jelly floated on the breeze, a fig, a soul. It was as if the sky had been dismantled and was slow to rearrange itself.

And all of a sudden, the chieftans left.

Once again, their little ponies with flowers.

26

Las vacas trituran la hierba; pero, después, se quedan inmóviles, y un poco, tristes. A lo lejos, empieza a caer la noche. Vienen las conversaciones de los vecinos que van orillando el monte. El molino desafía no se sabe a qué. Las cosas flotan un instante. Sube la luna color de pasto; pero, allá arriba, se vuelve de mármol, de cristal; ella, con su mar de néctar y de muerte. Pero, los habitantes de mi casa siguen trabajando, todos los individuos de la casa. Quien corta las frías papas, las monjiles berenjenas, bate el óleo, los huevos; quien acomoda los lechos, con una brizna de azahar, de malvón, preparándolos para el pecado; quien recolecta las gallinas, los alarmantes pavos; quien pone los ganchos para atrapar a los raros peces de la hierba; ése está triste porque es viernes y sabe que a las doce tiene que salir con el rostro cambiado, a recorrer los huertos.

... Hace rato que cae azúcar de la nada,
y fosforecen los membrillos y los besos.

26

The cows grind the grass, but later they become immobile and a little sad. In the distance night is beginning to fall. The neighbors' conversations waft in, circling the mount. The mill defies who knows what. Things float for a moment. The grass-colored moon rises, but up there it becomes marble, crystal; the moon with its sea of nectar and of death. But the inhabitants of my household keep on working, all of the individuals in the house. Someone cuts the cold potatoes, the nun-like eggplants, and stirs the oil, beats the eggs; someone adorns the beds with a bit of orange blossom, geranium, preparing them for the sin; someone gathers the hens, the alarming turkeys; someone sets the hooks to catch the strange fish in the grass; that one is sad because it's Friday and he knows that at twelve he must step out with a changed face to patrol the orchards.

… For some time now sugar has fallen out of nowhere, and the quinces and kisses are glowing.

27

El cielo está blanco. Una ráfaga fría y otra ardiente. La turbonada viene del sur. Pero, hay un instante de silencio, de compás de espera. Los animales se esconden aterrorizados. Debajo de las gallinas cobijándose los sapos y las ratas. Los trabajadores vuelven del prado con la pica al hombro; pero, algunos arrojan la pica y echan a correr. Los árboles están tiesos con los ojos abiertos. Se cubren los espejos, se recuerdan viejas cosas, se quema la hierba.

Y aquélla aparece otra vez. Los niños gritan: —Es una "teresa", una "tarasca"; es una "dormilona". Y empiezan a llorar y a sollozar.

... Y ella se está allá, de nuevo, con aquel mismo batón, y aquellas plumas.

27

The sky is white. One cold gust, another burning. The storm is coming from the South. But there is a moment of silence, a rest between the notes. The animals hide in terror. The toads and rats taking shelter beneath the hens. The workers return from the meadows with their spades on their shoulders, but some throw down their spades and break into a run. The trees are stiff, their eyes open. Mirrors are covered, old things are remembered, the grass burns.

And there it is again. The children cry: "It's a 'teresa', it's a 'serpent hag,' it's a 'sleepyhead.'" And they begin to cry, to sob.

… And she is there, once again, with that same cloak, and those feathers.

28

De pronto se levantó, se lavó la cara, se puso un vestido nuevo. Salió sin mirar, en puntas de pie. Las estrellas estaban al alcance de la mano; como los higos que se cuelgan en el árbol de la Navidad, parecían de papel y de miel. Desdeñó el camino; miraba sin mirar e iba a campo traviesa. Las vacas y los caballos como siempre, dormían un instante y volvían a cenar. Los lobizones se diferenciaban de los otros animales y de la gente, porque les seguían las luciérnagas. Caminó, caminó; debajo de sus pies, los ratones subterráneos zumbaban y silbaban; las ovejas de abajo de la tierra también, estaban sacando, trabajosamente, la cabeza ovalada, llena de rizos. Pero, ella hizo poco caso de toda esa ganadería misteriosa. Ya debía ser la medianoche, pues, empezó a caer maná del cielo, aunque, en verdad, sólo era una nube de hongos blancos y centelleantes que pasó, fugacísima. Empezó a aparecer el otro pueblo. Alguna luz habría quedado ardiendo en una cocina o en una tumba. Llegó en puntas de pie. Recorrió las calles. Todas. La del Jazmín, la de los Pepinos, la calle del Ante y la de Ana María. Tenía un miedo pánico de que su madre la hubiese seguido. Siempre tuvo un miedo horrible de que su madre la encontrara de pronto, la enfrentara, le dijese que... Pero, no vino nadie, por ningún lado. Las casas sobre las que destellaban los hongos recién caídos, habían quedado, como siempre, todas abiertas. Penetró en una. Sigilosamente, preparó un manjar, lo dejó sin probar, salió. Todo, dentro del mayor silencio. Recorrió, otra vez, todas las calles, la del Jazmín, la de los Pepinos, la calle del Ante... caminó, caminó; a veces, se detenía y lloraba, a veces, se sentaba y sollozaba. Hasta que, en la lejanía, dieron la orden de regreso.

28

She got up quickly; she washed her face, put on a new dress. She went out without looking, on tiptoe. The stars were at arm's reach; they seemed to be made of paper and honey, like the figs that hung from the Christmas tree. She scorned the road; she looked without looking and crossed the open field. As always, the cows and horses slept for an instant, then began eating again. The werewolves differed from the other animals and humans because the fireflies were chasing them. She walked and walked; under her feet, the underground mice hummed and whistled; the sheep, from beneath the earth as well were laboring, digging up the oval head covered in curls. But she paid little attention to this mysterious husbandry. It was going on midnight; then, manna started falling from the sky, though actually it was only a cloud of white mushrooms and lightning that shot past. The other town began to appear. Some light had been left on in a kitchen or in a tomb. She entered on tiptoe. She went up and down the roads. All of them. Jasmine Road, Cucumber, Elk Road, Ana Maria. She was in a panic, afraid that her mother had followed her; she was always scared that suddenly her mother would find her, stand before her and say that… But no one came, not from anywhere. The houses, with recently fallen mushrooms flashing over them, remained wide-open, as always. She entered one of them. Discreetly, she prepared a meal, left it untouched, went out. All of this in the greatest silence. Once again, she walked up and down the roads, all of them; Jasmine Road, Cucumber, Elk… She walked and walked; at times she stopped and cried; at times she sat down and sobbed. Until, from a distance, the order to return was given.

29

(murciélago de fantasía)

Esta noche un solitario habitante de las paredes
se decidió a andar,
oh, murciélago de oro y azul,
bicheja
todo de luz y telaraña,
te vi de cerca,
vimos gotear tus orejitas
adornadas con brillantes.
Antiguo sacerdote,
tienes la iglesia
en el cerrado ropero,
pero, esta vez
te vi volar,
vimos tu sombrilla,
tu mantoncito infame
prenderse de la nada,
se oye tu murmullo.
Y espero muchas cosas
de esta noche
en que te decidiste a reinar entre nosotros
mientras, afuera, el viento,
destruye los malvones.

29

(fantasy bat)

Tonight one lonely wall-dweller
decided to fly,
oh bat, blue and gold,
little creature
all light and cobwebs.
I saw you up close,
we saw your ears dripping
adorned with diamonds.
Ancient priest,
you have your church
in the closed wardrobe,
but this time
I watched you fly,
we saw your parasol
your odious little shawl
caught fire without warning,
I heard your murmur.
And I await many things
from this night
when you decided to reign among us
while, outside, the wind
destroys the geraniums.

30

Yo no sé qué decirte, pero, a mí me parece que la lluvia, el viento, el tiempo, ya han borrado el camino de los gatos. Si tuviera que volver sería en una tarde como aquella, un día en que se doraban por igual, la mermelada y un ratón recién cazado, con las orejitas dulces. Y los gatos vigilando en la ventana, en la puerta, cerca de la olla, sobre cada almohadón, al lado de los muebles, –del ropero, de la cómoda–, adentro de las plantas, –del magnolio, del peral–, al pie de la celedonia y sus duraznos y mariposas de oro. Los gatos grises, amarillos, negros y nevados, conocían todo lo de ayer, lo del porvenir, lo que estaba pasando. De ellos es el original del "Libro de los muertos", de la Biblia, saben bien quién ha de ser al final el triunfador y por qué se desató la guerra de los huertos. Vivos y dormidos con sus caras egipcias, de Amón-Ra y de Jano y de Jesucristo. Lúbricos e inmóviles, aguardaron mi vuelta de la escuela, del liceo, de los bailes, de la nada, formando fila a lo largo de todo el camino de las salvias.

Eran un centenar, y parecían uno solo, único. Estaban allí como un milagro.

Quisiera desfilar una vez, más,
sólo una vez más,
otra vez,
por aquel, desesperante, camino de los gatos.

30

    I don't know what to tell you, but it seems to me that the rain, the wind, time has already erased the path of the cats. If I had to go back, I would choose an afternoon such as that one, a day when the marmalade and a recently caught mouse with sweet little ears, were equally golden. And the cats keeping watch in the window, at the door, near the saucepan, on each pillow, alongside the furniture—the wardrobe, the chest of drawers—inside the plants—the magnolia, the pear tree—at the foot of the celandine with its peaches and golden butterflies. Grey, yellow, black and snowy cats knew everything of yesterday, of the future, everything that was happening. The original "Book of the Dead," the original Bible is theirs; they know well who the victor will be in the end and why the war of the orchards broke out. Alive and asleep with their Egyptian faces of Amun-Ra and Janus and Jesus Christ. Lubricious and immobile, they await my return from school, from high school, from the dances, from nothing; they form a line along the whole length of the road of the sages.

    There were a hundred of them, and they looked like only one, alone. They stood there like a miracle.

    How I wish I could march by, one more time,
    just once more,
    one more time,
    along that desperate road of the cats.

31

Recuerdo cuando maduraron los membrillos.

Lloviznaba a cada instante; los vecinos nos visitábamos con frecuencia para conjurar en algo el mal tiempo.

Nuevos cuentos y calumnias corrían por toda la comarca.

Sobre los troncos se empollaban hongos de colores ardientes: rojos, rosados, anaranjados, color vino; como rosas o frutas.

Sobre los troncos aparecían rostros de antiguos parientes, antiguos amos de los huertos, finados, ya, que, ahora, por un instante, volvían, dibujados apenas, a hacernos un guiño, una irónica sonrisa.

Yo distinguí a dos tíos muy viejos, que se mantuvieron un largo instante y me miraron.

Hasta que la misma llovizna que las había hecho brotar y el viento empujaron otra vez, hacia la nada,

a todas aquellas caretas perfumadas.

31

I remember when the quinces ripened.

It was drizzling at every moment; the neighbors visited us often in order to ward off the bad weather.

New stories and slanders spread through the whole land.

On the trunks, mushrooms hatched with burning colors: red, pink, orange, burgundy, like roses or fruits.

On the trunks, faces of ancient relatives appeared, ancient masters of the orchards, already deceased, that now, for an instant, returned, barely drawn, to offer us a wink, an ironic smile.

I made out two very old uncles, who remained for a long instant, and looked at me.

Until the same drizzle that had made them bloom and the wind swept them all away again—

all those perfumed masks, toward nothingness.

32

Ayer conocí el nombre secreto de mi casa.

Era ya el atardecer, y todos paseaban, por la huerta, el jardín, la calleja, donde las coliflores levantaban sus hermosas puntas y tazas de plata. Ya ardía alguna estrella, algún cometa y su cabello fatídico.

Entonces, tomé la lámpara, la más pequeña, y fui, en puntas de pie, hasta el armario. Busqué el libro, sigilosamente, pasé hoja por hoja; hasta que, todo empezó a temblar como si estuviera por llegar la muerte, y todo se quedó inmóvil como si ya hubiese llegado.

Y yo la vi, no la rosa encarnada que estás imaginando, ni rosa, ni amarilla, ni una efectista rosa negra. Sólo un pimpollo plano y claro, de pocos pétalos.

Parece de agua, una gema de mármol, parece un lirio.

Pero, Rosa es el nombre secreto de mi raza.

La tarde caía como si fuera un siglo.

32

Yesterday I learned the secret name of my house.

It was already dusk, and everyone was out walking through the orchard, the garden, the alleyway where the cauliflowers lifted their beautiful silver tips and cups. One star was already burning, some comet with fateful hair.

Then, I took the lamp, the smallest, and walked on tiptoe toward the wardrobe. I looked for the book, discreetly, turned page after page, until each began to tremble as though death were about to come, and all were immobile, as though it already had.

And I saw it, not the incarnate rose that you're imagining, neither pink nor yellow, nor a showy black rose. Only a clear, simple bud, with few petals.

It looks like water, a marble gem; it looks like a lily.

But Rose is the secret name of my race.

The night fell like a century.

Afterword

Marosa di Giorgio never doubted her calling. From the first poems she published in school magazines to her posthumous *La flor de lis* (Cuenco de Plata, Buenos Aires, 2004), she devoted each day of her life to the task that she saw not merely as a personal choice, but as a divine assignment. She did not write in the hope of achieving renown; she lived for the act of writing itself, the need to give concrete form to the visions she received. Navigating the precarious terrain between recollection and creation, beauty and danger, religious transcendence and violent eroticism, her poetry brings a new world into being.

Di Giorgio was born in 1932 in Salto, Uruguay, which is known not only for its distinguished literary tradition (it was the birthplace of the well-known Uruguayan short story writer Horacio Quiroga), but also for its unique character as a small urban center in a rural area. Uruguayans claim that Salto has a special energy, a sense of peace not usually found in urban communities. Di Giorgio herself called it "a city located near the water and the moon."[1] The farm where she grew up and the family that surrounded her—her parents, sister and grandparents—would ultimately provide the landscape for a lifetime of poetic creation.

As a young woman, di Giorgio moved from the country to the city center, where she briefly studied law and acted with a theatre company. However, she soon decided that literature was the most important aspect of her life. She took an office job managing the Civil Register of the Salto city government and devoted all of her free time to creative work. Each day she spent several hours reading—everything from classic Golden Age Spanish texts to American and English poetry to world mythology—and writing what would become her fifteen collections of poetry, two collections of short stories, and one novel.

She never married, though she claimed to have fallen in love once in her life, and her last book is dedicated to a mysterious figure named

---

1 Leonardo Garet. *El milagro incesante: vida y obra de Marosa di Giorgio.* Montevideo: Ediciones Aldebarán, 2006, p. 19.

Mario who makes many appearances in her work. Throughout her life, she remained extremely close to her parents, her sister, and other family members as well as to her friends, many of them prominent figures of the Uruguayan literary landscape, such as poets Roberto Echavarren and Leonardo Garet. After retiring from her job in Salto in 1978, she moved to Montevideo and slowly gained literary prominence. She received grants that allowed her to travel to the United States, Europe (where she was able to meet her Italian relatives), and Israel. Diagnosed with bone cancer in 1993, she continued writing up to her death in 2004. She was buried in Salto, and one year later, her friends mounted a plaque on her tombstone that reads:

Marosa di Giorgio Medici
Since 17th August 2004
transformed into a butterfly
she contemplates the world[2]

Consisting primarily of narrative prose poems, di Giorgio's work is as simple as her life was, and just as extraordinary. With every image, every word, she transforms the flowers of her family's garden into a wild landscape filled with fairies; the orchards beyond her house become dark havens for thieves and monsters; all of nature assumes a dreamlike, erotically-charged quality that signals danger as well as beauty. There is a thematic and stylistic unity in her writing—although the narratives differ slightly from one book to another, the landscape and atmosphere remain the same, as does the unusual syntax and imagery. Even with this strange world, Garet calls attention to the work's "realism." Unlike much "fantastic" writing, which appears to imitate reality as we know it, only to have it quickly withdrawn to reveal something much more surprising, di Giorgio's work contains no such break with the real world.[3] Rather, she creates her own reality where such unbelievable occurrences as the

---

2 The dedication on the plaque was made by the Horacio Quiroga Literary Workshop. Ibid., p. 99.

3 See Leonardo Garet, *El milagro incesante*, pp. 48-50.

conversion of a child into a hare or the infestation of a house by pesky angels happen as a matter of course. The extraordinary is ordinary, or, as di Giorgio herself said in an interview with Roberto Mascaró, "The natural is supernatural."[4]

Looking over her whole oeuvre, it is tempting to view it as one very long poem that she wrote over the course of a lifetime. Garet classifies di Giorgio's work into several sections of a long project aimed at creating an epic mythology. He considers her first three books as an account of the creation of the world. The next two—*The History of Violets* (originally published in 1965) and *Magnolia* (1965)—dramatize "the dance of Eros and Thanatos,"[5] the uncertain relationship between life and death. As this sequence progresses, we see a greater turn toward the invention of unusual characters and astonishing metamorphoses.

In poem 34 of *The History of Violets*, for example, the child narrator is transformed into a hare, viewed as a pest by the farmworkers and threatened with extermination. The poetic speaker is transformed into an animal due to her empathy with it. In contrast, in poem 18 of *Magnolia* she becomes a menacing wolf-like creature and attacks her mother—a dramatic manifestation of the ambiguous mother-daughter relationship that is a constant motif throughout the story.

Garet states that *The War of the Orchards* (1971) and *The Native Garden is in Flames* (1971) reveal di Giorgio's "world on the other side of the looking glass," focusing especially on the theme of memory.[6] The climax of this book occurs when the narrator discovers "the secret name of [her] house"—Rose—and experiences in a very dramatic way the relativity of time that occurs throughout these texts, as one night falls "like a century." Meanwhile, Di Giorgio's later poems, short stories and novel deal more specifically with what Garet calls "hallucinated eros"[7] —stories with startling images and jarring plots involving humans, animals, plants, monsters, and other strange characters. Her final poems, like *Jasmine for*

---

4 Roberto Mascaró. "Lo natural es sobrenatural," El País Cultural 195, 1993.
5 Leonardo Garet, *El milagro incesante*, p. 221.
6 Ibid, p. 234.
7 Ibid., p. 276.

Clementina Medici and *Fleur-de-lis*, focus on family and love, as well as her own illness and impending death.

Although she was a voracious reader in various European literary traditions, di Giorgio firmly denied adherence to any literary school. Some critics have observed links between her poetry and the work of Surrealists and their predecessors like the Uruguayan-French writer Comte de Lautréamont.[8] Others have noted her affinities with writers as diverse as Dylan Thomas, Emily Dickinson, and Lewis Carroll—all of whom she studied and loved—and with her compatriot and predecessor Delmira Agustini, whose work also reveals heightened emotional intensity.[9] Hugo Achugar, among other critics, notes the importance of irony and parody in her work, seeing it as a kind of "camp aesthetic."[10] The thematic focus of her work recalls the British Romantics—Wordsworth's image of a child terrified by a jutting crag in his "Prelude," Blake's awe before the little lamb's innocence and the burning tyger's power. Defying any easy categorization, she remains one of Uruguay's most unique and startling writers, a visionary who felt obligated to share her vision with others. For di Giorgio, poetry was a way of life that entailed not a withdrawal from the world, but a chance to engage with it through the expression of her own imaginative perspective on reality, a vision where nothing is commonplace, where even the most seemingly trivial of activities are filled with meaning.

---

8 See Roberto Echavarren. "Marosa di Giorgio, última poeta del Uruguay." Revista Iberoamericana 160-1 (1992): 1103–1115, and Amir Hamed. *Orientales: Uruguay a través de su poesía*. Montevideo: Casa Editorial HUM, 2010.

9 See Anna Deeny. "Consciousness Unto Itself: the Convergence of Poetry and Thought in Latin American and U.S. Literature." (Unpublished doctoral dissertation). University of California, Berkeley, 2009.

10 Hugo Achugar. "¿Kitsch, vanguardia o estética camp?" Hispanoamerica 34.101 (2005), p. 110. See also María Soledad Montañez. "The Perverse Comedy: Genre, Gender and Identity in Marosa di Giorgio's Misales (1993), Camino de las pedrerías (1997) and Rosa Mística (2003)," *Identity, Nation, Discourse: Latin American Women Writers and Artists*. Ed. Claire Taylor. Newcastle: Cambridge Scholars Publishing, 2009. 145.

Acknowledgments

In recent years I have been fortunate to find myself part of a small but growing community of translators, critics, writers, and readers who share a common love for this strangely exquisite poet. I am especially grateful to my friends and colleagues in Uruguay for guiding me in the translation process and offering constant support over the past decade. In particular, I want to thank Patricia Vargas and the Uruguayan Fulbright Commission; Nidia di Giorgio and Jazmín Lacoste di Giorgio, the author's sister and niece, respectively; Beatriz Salvo de Giusto and Pedro Ángel Giusto, the author's cousins; and many other Uruguayan teachers, writers, and critics who have helped with the translation directly and indirectly: Roberto Echavarren, Hugo Daniel Albernaz, Elena Estevez, Inés Delgado, Natalia Font, María Soledad Montañez, Pablo Galante, Myriam Albisu, Leonardo Garet and the Asociación Marosa di Giorgio in Salto, Hebert Benítez, Fernando Loustaunau, Hugo Achugar, Amir Hamed, Ivonne Azarola, and Olga Iasnaia Sarser.

I also want to thank many teachers and mentors in North America who have helped me grow in understanding and appreciation of di Giorgio, particularly María Negroni, Susan Antebi, Néstor Rodríguez, Ricardo Sternberg, Victor Li, Tina Escaja, and Jesse Lee Kercheval.

I am grateful to the Edkins family for being such staunch supporters of this work, particularly Giles Edkins, who read and commented on early drafts, and Keith Edkins, who thoroughly proofread the entire manuscript multiple times.

I thank Jen Hofer, Sergio de los Reyes, and Oscar Montagut for reading parts of this translation at various stages and providing much constructive feedback.

I thank Matvei Yankelevich, Rebekah Smith, Silvina López Medin, Kyra Simone, and Lee Norton at Ugly Duckling Presse, as well as former editor Garth Graeper, for their commitment to making di Giorgio's work accessible to an English-speaking audience, and I thank Basil King for his artwork.

I want to acknowledge the publications that have published excerpts from this translation: *Asymptote, Versal, Rhino, 6x6, Mandorla, Gulf Coast, The Literary Review, Ohio Edit*, and *Tupelo Quarterly*. Excerpts were also published in *Hotel Lautreamont: Contemporary Poetry from Uruguay*, edited by Kent Johnson and Roberto Echavarren and published by Shearsman Books in 2011.

I thank the other translators who have devoted time and effort to translating and publishing other works by di Giorgio and who share my commitment to bringing her words and images into the English language. I particularly want to mention Adam Giannelli, K.A. Kopple, Peter Boyle, Susan Briante, and Anna Deeny.

Finally, I thank my parents, Carol and Nicholas Pitas, as well as my friends, colleagues, and students for their constant support.